HERBERT SCHAMBECK

Vom Sinnwandel des Rechtsstaates

SCHRIFTENREIHE
DER JURISTISCHEN GESELLSCHAFT e.V.
BERLIN

Heft 38

Berlin 1970

WALTER DE GRUYTER & CO.

vormals G. J. Göschen'sche Verlagshandlung · J. Guttentag, Verlagsbuchhandlung
Georg Reimer · Karl J. Trübner · Veit & Comp.

Vom Sinnwandel des Rechtsstaates

Von

o. Prof. Dr. Herbert Schambeck

Vortrag
gehalten vor der
Berliner Juristischen Gesellschaft
am 20. März 1970

Berlin 1970

WALTER DE GRUYTER & CO.

vormals G. J. Göschen'sche Verlagshandlung · J. Guttentag, Verlagsbuchhandlung
Georg Reimer · Karl J. Trübner · Veit & Comp.

ISBN 3 11 0064 40 5

Satz und Druck: ⑤ Saladruck, Berlin 36

Im Gedenken
an
Max Imboden
und Fritz Werner

Wer von Rechtsstaat spricht, nimmt die Verbindung zweier Begriffe vor: des Rechtes als Ausdruck der Ordnung und des Staates als Inbegriff des dem Einzelnen und der Gesellschaft übergeordneten Herrschaftsverbandes. Diese Verbindung kann in verschiedener Weise erfolgen.

So kann in einem Fall ein Staat Rechtsstaat sein, wenn er durch das Recht seinen Herrschaftsanspruch begründet und durchsetzt. Das Recht dient einem solchen Staat als Herrschaftsmittel. Die Grundlage eines solchen Rechtsstaates kann unterschiedlich sein, sie kann ihre Herrschaftsordnung in einer ausführlichen Verfassung oder aber bloß durch den einen Satz „regis voluntas est suprema lex" rechtfertigen. In dieser Weise fällt der Begriff des Staates mit dem des Rechtsstaates zusammen, und es kann jeder Staat, dem auf solche Art das Recht Existenzbedingung ist, als Rechtsstaat bezeichnet werden[1].

In einem anderen, und zwar engeren Sinn, ist hingegen ein Staat Rechtsstaat, wenn das Recht nicht allein Mittel, sondern Maß seiner Herrschaft ist. Dies setzt aber voraus, daß zu dem Wert „Ordnung" zwingend der Wert „Herrschaftsbemessung" hinzutritt, d. h. daß nicht bloß der Einzelne und die Gesellschaft, sondern auch der Staat selbst dem Recht unterworfen sind. In dieser Sicht kann nur der Staat als Rechtsstaat bezeichnet werden, der sich durch seine eigene Rechtsunterworfenheit als solcher wertet. Der Rechtsstaat ist dann als Artbegriff des Gattungsbegriffes Staat anzusehen. Während in der erstgenannten Verwendung des Begriffes Rechtsstaat die Verbindung von Recht und Staat eine Notwendigkeit ist, erweist sie sich im zweitgenannten Fall als eine unter vielen Möglichkeiten. Es bedarf nämlich jeder Staat des Rechtes zu seiner Herrschaftsbegründung, anerkennt es aber nicht immer zu seiner Herrschaftsbemessung.

Die erstgenannte Beziehung von Recht und Staat ist eine für den Bestand des Staates selbstverständliche Verbindung, die den Begriff Recht im Begriff Staat so sehr aufgehen ließ, daß es erst schwerer Mißbräuche des Rechtsbegriffes durch die Staatsgewalt

---

[1] Hans *Kelsen*, Allgemeine Staatslehre, Berlin 1925, S. 91.

bedurfte, um sich der Unterschiede von Recht und Staat und hernach wieder der Rechtsbezogenheit des Staates bewußt zu werden. Von diesem Rechtsstaatsbegriff sei hier nicht die Rede; Gegenstand der Betrachtungen sei vielmehr jener zweitgenannte Rechtsstaatsbegriff, für den das Recht nicht allein Mittel, sondern Maß staatlichen Handelns ist. Da dieser Rechtsstaatsbegriff den Rechtsbegriff im Staatsbegriff nicht unterschiedslos aufgehen läßt, sondern vielmehr ein Spannungsverhältnis von Recht und Staat darstellt, das jeweils verschieden sein kann, befindet sich dieser, und nur dieser Begriff des Rechtsstaates in einem steten Wandel seines Sinngehaltes.

Der Sinnwandel des Rechtsstaates, in dem das Recht Maß des Staates ist, hängt von der unterschiedlichen Entwicklung der Wertvorstellung des Einzelnen und der Gesellschaft, der wechselnden Bedürfnisse nach Rechtssicherheit in dem Staat, vor dem Staat und durch den Staat und vor allem von der Befähigung zur Schaffung eines diesem Rechtsschutzbedürfnis entsprechenden Schutzsystems von Rechtseinrichtungen ab.

I

Betrachtet man die Tendenzen der Entwicklung zu einem rechtsgebundenen Staat im abendländischen Rechtsdenken, so fällt einem gleich zu Anfang auf, daß die Idee eines solchen Rechtsstaates älter ist, als der für sie nach Jahrhunderten des Bemühens um die Erfassung der Rechtsstaatsidee im 19. Jahrhundert im deutschen Raum geprägte Begriff des Rechtsstaates.

Bereits im griechischen Altertum werden die Begriffe wie Themis, Dike und Nomos von verschiedenen Philosophen unter Annahme des Vorhandenseins einer vorstaatlichen, den Staat auch bindenden Ordnung geprägt. So erklärt Homer ἧ θέμις ἐστίν[2], d. h. ein bestimmtes Verhalten entspricht dem Recht, wenn es „dem Wesen des Menschen in einer bestimmten Stellung entspricht"[3] und nicht durch einen äußeren Zwang allein auferlegt wurde. Und unter δίκη 'εστί [4] versteht Homer schon den subjektiven Rechtsanspruch des Einzelnen[5]. Bei beiden

---

[2] z. B. *Homer*, Ilias 24, 652; 11, 779 und 23, 44.
[3] Alfred *Verdross*, Abendländische Rechtsphilosophie, 2. Aufl., Wien 1963, S. 2.
[4] z. B. *Homer*, Odyssee 24, 255.
[5] *Verdross*, a. a. O.

Begriffen darf nicht übersehen werden, daß für die genannten Begriffe Namen von Göttern verwendet wurden, was mit deren präpositiven Charakter ausdrückt. In diesem präpositiven Sinne wurde auch der Begriff „Nomos"[6] verstanden und gebraucht. Er war von Hesiod eingeführt als die von Zeus gehütete Weltordnung[7], welche als die Grundlage des Lebens der Bürger und der Polis angesehen wurde und von der Hesiod selbst sagte „Kämpfen soll das Volk für seinen Nomos wie für seine Stadtmauer"[8]. Von Protagoras berichtet uns Platon in seinem gleichnamigen Dialog den Satz: „Der Staat zwingt seine Bürger, nach den Gesetzen zu regieren und sich regieren zu lassen"[9].

Im 5. vorchristlichen Jahrhundert schrieb der sogenannte Anonymus Jamblichi, daß Recht und Gesetz ihr königliches Szepter unter den Menschen führen und sich beide unmöglich ihrer Herrschaft entäußern können, denn festgefügt sei dieses Verhältnis von Natur[10]. Wie nahe im griechischen Rechtsdenken die Vorstellungen von Gesetzmäßigkeit und Gerechtigkeit waren, machte wohl Sokrates durch die Weigerung am deutlichsten, sich mittels der Flucht der Urteilsvollstreckung zu entziehen[11]. Im platonischen Dialog Kriton finden wir den modern anmutenden Gedanken, daß der Staat eigentlich nichts anderes als die Rechtsordnung ist; Nomoi und Polis werden geradezu als identisch angesehen und miteinander verbunden[12].

Diese Stellen sind auch von dem Gedanken der Demokratie beeinflußt. So erklärte Herodot, daß sich in der Demokratie drei Merkmale ausdrücken: die Idee der Gleichheit und der Freiheit sowie die Herrschaft des Gesetzes[13].

Eine ausdrückliche Anerkennung des Gesetzesstaates bedeutet es, wenn Platon, von seinem in der Politeia dargestellten Idealbild vom Richterkönigtum abgehend, in seinem Alterswerk Nomoi zur Idee des Gesetzesstaates findet und erklärt: „Denn dem Staate, in dem das Gesetz abhängig ist von der Macht des

---

[6] *Hesiod*, Werke und Tage, Vers 274 ff.
[7] *Verdross*, a. a. O. S. 3.
[8] *Hesiod*, Fragmente 44.
[9] *Platon*, Protagoras.
[10] Adolf *Menzel*, Beiträge zur Geschichte der Staatslehre, Wien und Leipzig 1929, S. 162.
[11] *Platon*, Kriton.
[12] *Platon*, a. a. O.
[13] *Herodot*, III, 80 ff.

Herrschers und nicht selbst Herr ist, dem sage ich kühn sein Ende voraus; demjenigen dagegen, in dem das Gesetz Herr ist über die Herrscher und die Obrigkeiten den Gesetzen untertan sind, dem sehe ich im Geiste Heil beschieden und alles Gute, was die Götter für Staaten bereitet haben"[14]. Der Idee der Gesetzesherrschaft sah sich auch Aristoteles verbunden, der am Schluß des 11. Kapitels seiner „Politik" meinte, es gehe aus dem Vorangehenden klar hervor, „daß die höchste Gewalt oder Souveränität den Gesetzen zukommen müsse, vorausgesetzt, daß sie richtige Gesetze sind"[15]. Aristoteles verbindet also mit der Anerkennung der Gesetzesherrschaft eine Voraussetzung, die einen wertenden Charakter hat, nämlich die Gesetze müssen richtig sein; das ist dann der Fall, wenn die Herrschaftsgewalt nicht aus willkürlichen Interessen, sondern im Dienste des gemeinsamen Nutzens ausgeübt wird[16]. Er bemerkte auch Jahrhunderte bevor Hans Kelsen in seiner Allgemeinen Staatslehre schreiben sollte, daß der „Sinn der Staatsgewalt oder Staatsherrschaft nicht der ist, daß ein Mensch anderen Menschen, sondern daß Menschen Normen unterworfen sind"[17] in seiner Nikomachischen Ethik: „wir wollen nicht, daß ein Mensch über uns herrsche, sondern der Logos des Nomos"[18]. Dort wo eine abstrakte Regel untunlich erscheint, sieht auch schon Aristoteles einen gewissen Spielraum für eine selbständige Entscheidung gegeben[19].

Wenngleich sich, wie hier an einzelnen Beispielen skizziert wurde, Gedanken finden, welche der Rechtsstaatsidee im griechischen Altertum nahekommen und Ausdrücke wie Themis, Dike, Nomos und Polis geprägt werden, ist doch kein dem Rechtsstaatsbegriff gleichkommender Ausdruck feststellbar, der eine Verbindung von Recht und Staat darstellt[20].

---

[14] *Platon*, Nomoi, 715 c.
[15] *Aristoteles*, Politik, 1282 b.
[16] *Aristoteles*, Politik, 1279 a.
[17] *Kelsen*, Allgemeine Staatslehre, S. 99.
[18] *Aristoteles*, Nikomachische Ethik, V, 6.
[19] *Menzel*, a. a. O. S. 170.
[20] René *Marcic*, Die Sache und der Name des Rechtsstaates, in: Gedanke und Gestalt des demokratischen Rechtsstaates, hgb. von Max Imboden, Wien 1965, S. 60 weist darauf hin, daß in den Fragmenten des Alkmaion aus Kroton, der um die Wende des 6. zum 5. vorchristlichen Jahrhunderts lebte, der Begriff „isonomia" verwendet wird, was von Marcic als „gleiche Gebundenheit aller, der Herrscher wie der Beherrschten an das objektive Gesetz" erklärend übersetzt wird.

Obzwar es im griechischen Altertum zu keiner Bildung eines eigenen Rechtsstaatsbegriffes gekommen ist, treffen wir doch bemerkenswerte Ansätze zur Schaffung von Rechtsstaatseinrichtungen an. So nehmen wie die spätere Lehre vom Stufenbau der Rechtsordnung[21] Platon[22], Aristoteles[23] und Dikaiarchos[24] eine Unterscheidung in Verfassungsgesetze und einfache Gesetze vor[25]. Auch wenn Perikles in seiner Grabrede von den Athenern sagen konnte, sie stehen als freie Bürger dem Staat gegenüber[26], hatte dies seinen guten Grund. Dem Einzelnen stand zwar kein subjektiver Rechtsanspruch auf Einräumung einer Freiheitssphäre gegenüber dem Staat zu, was aus der dem griechischen Rechtsdenken mangelnden Unterscheidung von Individuum und Staat, die in der aristotelischen Erklärung des Menschen als zoon politikon[27] besonders deutlich ist, verstanden werden kann, die Verfassung Athens kannte aber einen qualifizierten Rechtsschutz. So konnte jeder Bürger gegenüber ungesetzlichen Verwaltungsakten eine Klage einbringen. Auch war der Areopag sogar zur Prüfung von Beschlüssen der Volksversammlung zuständig. Die eingebrachte Klage hatte eine aufschiebende Wirkung[28]. Nach der Vertreibung der dreißig Tyrannen und der Wiederherstellung der Verfassung wurde 403 v. Chr. die Revision und Kodifikation aller Gesetze angeordnet und sogar der Grundsatz beschlossen, daß ein Gesetz unzulässig ist, das sich nicht auf alle athenischen Bürger, sondern nur auf einen Einzelnen bezieht.

Diese Ansätze rechtsstaatlichen Denkens sind bemerkenswert, sie sollen aber nicht unbemerkt lassen, daß nicht jeder Einzelne im griechischen Stadtstaat Vollbürger war und daß ein häufiger Wechsel von Staatsformen und politischen Ordnungen vor sich

---

[21] Siehe über sie Adolf *Merkl*, Das Recht im Lichte seiner Anwendung, DRZ 1918, S. 56 ff.; *Derselbe*, Allgemeines Verwaltungsrecht, Wien 1927, Neudruck Darmstadt 1970, insbes. S. 157 ff. und *Derselbe*, Prolegomena einer Theorie des rechtlichen Stufenbaues, in: Gesellschaft, Staat und Recht, Festschrift für Hans Kelsen, hgb. von Alfred Verdross, Wien 1931, S. 252 ff.
[22] *Platon*, Nomoi, IV 714 B.
[23] *Aristoteles*, Politik IV 1, 4, 1289 a.
[24] *Dikaiarchos*, Τριπολιτικός.
[25] Beachte dazu Theo *Mayer-Maly*, Zur Rechtsgeschichte der Freiheitsidee in Antike und Mittelalter, ÖZöR 1955, S. 419.
[26] *Thukydides* II, 36 ff.
[27] *Aristoteles*, Politik, I, 1253.
[28] *Menzel*, a. a. O. S. 159.

6

ging. Eine Sprengung der griechischen Polis und die Schaffung einer alle umfassenden Rechtsgemeinschaft ist nicht erfolgt, sie wäre wohl nach der Lehre der Stoa möglich gewesen, die von der Kosmopolis ausging und annahm, daß die ins Einzelne waltende Vernunft mit dem Logos wesensgleich ist, da sie nur ein Ausfluß der Weltvernunft ist. Da die Weltbürgerschaft nur als Gliedschaft eines geistigen Reiches gedacht war, ging von ihrer Lehre aber keine revolutionäre Forderung aus[29].

Gleich dem griechischen Staat kam es auch im römischen Staat zu keiner Ausbildung des Rechtsstaates im Sinne einer den Staat treffenden Rechtsgebundenheit, die dem Einzelnen in gleicher Weise zugute kommt. Dabei wäre dazu ein Ansatz gegeben. gewesen. Cicero wußte nämlich die Freiheit als libertas est potestas vivendi ut velis[30] zu erklären, womit er sich Aristoteles anschloß, der in seiner Politik schrieb, daß nach Auffassung der Demokraten in der Freiheit der Republik jeder lebe, wie er wolle[31]. Obgleich Aristoteles später diese Meinung ablehnte, hielt Cicero daran fest, da er als Stoiker die Auffassung vertrat, daß immer das Gute gewollt wird[32].

Die römische Freiheit wurde in den einzelnen Rechtskreisen gewährt, die Zugehörigkeit zu einer Rechtsgemeinschaft stellte den Rechtsgrund der Freiheit dar[33]; sie war daher nicht allgemein gewährt[34]. Wenn die römischen Freiheitsrechte keinen der modernen Lehre vom Stufenbau des Rechtes entsprechenden Schutz durch Einbau in die Verfassung kannten[35], fehlte ihnen damit gänzlich die Rechtsgarantie[36]? Diese Frage ist zu verneinen. Darf man doch nicht übersehen, daß die Frage des Einbaues von Freiheitsrechten in eine bestimmte Rechtsstufe nur ein rechtstechnisches Mittel ist. Mayer-Maly[37] meint im Anschluß an Untersuchungen von Fritz Schwind[38], daß die das

---

[29] *Verdross*, a. a. O. S. 47.
[30] *Cicero*, De officiis, I, 70.
[31] *Aristoteles*, Politik 6, 2, 7 p. 1317 b.
[32] *Mayer-Maly*, a. a. O. S. 406.
[33] *Mayer-Maly*, a. a. O.
[34] *Mayer-Maly*, a. a. O. S. 419.
[35] Fritz *Schulz*, Prinzipien des römischen Rechts, Berlin 1954, S. 110 f.
[36] Leopold *Wenger*, Von Staatsgewalt und Bürgerrecht im alten Rom, Studia et Documenta historiae et iuris 1949, S. 85 f.
[37] *Mayer-Maly*, a. a. O. S. 420.
[38] Fritz *Schwind*, Der Geltungsbegriff bei den römischen Volksschlüssen, Studi Solazzi, S. 763 ff.

römische Recht beherrschende, in der Praxis zwar oft durchbrochene Vorstellung der unbegrenzten Geltungsdauer aller Rechtssätze den Freiheitsrechten eine stärkere Bestandsgarantie gaben als es eine Lehre vom Stufenbau der Rechtsordnung vermöchte. Man beachte daher beispielsweise die Freiheitsgarantien, die in den Rechtsinstituten[39] zum Schutz der Freiheit des Eigentums[40], des Hausrechtes[41], gegen willkürliche Verhaftung[42] und der Freizügigkeit[43] liegen. Zwei Rechtseinrichtungen, die einen besonderen rechtsstaatlichen Charakter hatten, seien hervorgehoben: der Schutz des Rechtes auf den gesetzlichen Richter und des Rechtes auf Rechtmäßigkeit der Vollzugsakte durch die Lex Julia de vi publica.

Auch im römischen Recht zeigt sich, daß bei allen Bemühungen um eine Vorhersehbarkeit und Berechenbarkeit des obrigkeitlichen Handelns solange ein Rechtsstaat wirkungsvoll nicht vorhanden ist, als nicht die Grundrechte des Einzelnen metaphysisch begründet und dieser Begründung entsprechend gesichert sind. Dies war erst das Christentum durch seine Lehre von der Dignitas humana imstande, die wieder ihren Grund in der Wertung des Einzelnen als Gottesebenbild hat. Diese Imago Dei-Lehre war auf das Rechtsdenken des Mittelalters von entscheidendem Einfluß, in dem das Recht nicht als Willensakt des Volkes oder des Fürsten, sondern wie Otto Brunner schrieb, als eine „über den Menschen stehende, mit der Gerechtigkeit identische Ordnung"[44] angesehen wurde. In Ausführung dieses Rechtsdenkens setzt bereits Thomas von Aquin erste Schritte zu einem auch das positive Recht erfassenden rechtlichen Stufenbau, indem er zwischen Persönlichkeitsrechten des Einzelnen, die unter göttlichem Schutz stehen, und anderen subjektiven Rechten unterscheidet, in die der Staat unter bestimmten Voraussetzungen eingreifen darf[45]. In einzelnen Fällen ist

---

[39] *Mayer-Maly*, a. a. O. S. 423 ff.
[40] *Schulz*, a. a. O. S. 102 ff.
[41] *Wenger*, a. a. O. S. 71.
[42] *Wenger*, a. a. O. S. 72.
[43] *Cicero*, pro Balbo c. 13.
[44] Otto *Brunner*, Mittelalterlicher Verfassungsbegriff und mittelalterliche Verfassungsgeschichte, in: Herrschaft und Staat im Mittelalter, hgb. Helmuth Kämpf, Darmstadt 1956, S. 8.
[45] Thomas *von Aquin*, Summa Theologica, questio 57 ff., Deutsche Ausgabe, Bd. 18, hgb. u. kom. von A. F. Utz, Heidelberg-München-Graz-Wien-Salzburg 1953, S. 494 f. und 565.

für Angehörige bestimmter Rechtskreise auch die Anrufung eines Gerichtes wegen Verletzung von Freiheitsrechten vorgesehen, um gegen individuelle Rechtsakte Schutz zu erhalten[46]. Dem Einzelnen standen je nach der Zugehörigkeit zu einem bestimmten Rechtskreis vielfältig abgestufte Freiheitsgrade zu[47], stand die Freizügigkeit dem Kaufmann als „freier Zug", dem Siedler als Hausverkaufsrecht und dem Lehensmann als freie Herrenwahl zu[48]. Im Mittelalter wird diese Freiheit des Eigentums als Schutz wohlerworbener Rechte, als Freiheit des Erbrechtes und als Freiheit von bestimmten Abgaben und Diensten geschützt[49]. Außerdem kannte das Mittelalter eine Art des Rechtsschutzes auf den gesetzlichen Richter durch die von privilegia de non evocando[50] gewährleistete Freiheit der Jurisdiktion vor fremden Gerichten und den Schutz des Rechtes auf ein gesetzmäßiges Urteil[51]. Dazu gab es auch prozeßrechtliche Freiheitsrechte[52], die im Stadtrecht des Mittelalters aufgenommen waren, wie die Freiheit vom Zweikampf, das Recht auf Ladung und die Rechtskraft als Schutz gegen willkürlich wiederholte Belangung.

Diese beispielsweise genannten Rechte des Einzelnen zeigen die Nähe von Recht und Staat im Mittelalter, von der Fritz Kern sogar schrieb, daß „der Staat im Mittelalter nur das Mittel zur Verwirklichung des Rechtes ist ... Das Recht ist vor dem Staat, der Staat für das Recht und durch das Recht, nicht das Recht durch den Staat"[53]. In dieser Beziehung von Staat und Recht trat mit der Neuzeit eine Änderung ein.

Deutlich zeigt sich schon das Spannungsverhältnis zwischen Recht und Staat im Mittelalter im Widerstandsrecht, das einen integrierenden Bestandteil der germanisch-mittelalterlichen

---

[46] *Mayer-Maly*, a. a. O. S. 419 Anm. 128 nennt z. B. die Georgenberger Handfeste 1186, welche die Anrufung des kaiserlichen Gerichts bei Verletzung der Freiheiten der steierischen Stände und Ministerialen durch den Herzog vorsieht, sowie das Verfahren vor dem Gericht der fünfundzwanzig englischen Barone zur Überwachung der Freiheiten der Magna Charta 1215.
[47] Robert *Keller*, Freiheitsgarantien für Person und Eigentum im Mittelalter, Heidelberg 1933, S. 107 ff.
[48] *Mayer-Maly*, a. a. O. S. 424 f.
[49] *Keller*, a. a. O. S. 98 ff.
[50] *Keller*, a. a. O. S. 177 ff.
[51] *Keller*, a. a. O. S. 187 ff.
[52] *Keller*, a. a. O. S. 220 ff.
[53] Fritz *Kern*, Recht und Verfassung im Mittelalter, Basel o. J., S. 12.

Staatsanschauung bildet[54]. Dieses Recht findet seine Wurzel im germanischen Volksrecht, das schon gewohnheitsrechtlich ein „Verlassen" des Herrschers aus Mängeln, die in seiner Person liegen, kannte. Solche Fehler waren neben der körperlichen und geistigen Unfähigkeit des Herrschers seine „Gesetzlosigkeit". „Wenn also der König das Recht bricht, verliert er ohne weiteres, eben durch sein Handeln, den Anspruch auf den Gehorsam der Untertanen"[55]. Nur ein getreuer Herrscher konnte getreue Untertanen erwarten. Kern erklärt deshalb auch die chronische Permanenz der Aufstände im Mittelalter nicht bloß als Ausdruck selbstsüchtiger Auflehnung und Anarchie, sondern vielmehr eines dunklen Rechtsbewußtseins, „das jedem, der sich vom König in seinem Recht gekränkt fühlt, die Befugnis zusprach, für die Rechtsverweigerung sich selbst Genugtuung zu verschaffen"[56]. Auf die aus verletztem Rechtsbewußtsein entspringenden, spätmittelalterlichen Fehden des Südostens weist Otto Brunner hin[57].

Aus dem individuellen Widerstandsrecht entwickelte sich später das lehensrechtliche Widerstandsrecht. Dieses Recht gründet sich auf dem mit dem Lehen entstandenen Treueverhältnis zwischen Lehensherrn und Lehensmann, bei dessen Verletzung ein Recht zum Widerstand entsteht. Anfangs genügte es einfach, den ungetreuen Lehensherrn zu verlassen, später wurde es auch erforderlich, die Lehenstreue feierlich aufzukündigen. Damit war aus dem formlosen Widerstandsrecht eine formelle Rechtseinrichtung geworden[58]. Dieses Widerstandsrecht ist sowohl in seiner formlosen wie in seiner formellen Prägung der Ausdruck eines Treueverhältnisses mit einer Gegenseitigkeit von Herrscher- und Untertanenrechten und -pflichten.

Welche Rolle das Widerstandsrecht im frühmittelalterlichen politischen und juristischen Denken spielte, zeigt der Karolingische Staatsvertrag aus dem Jahre 842. In diesem werden die Untertanen als Bürger für ordnungsmäßige Vertragserfüllung zugleich zu Richtern über das Verhalten des Königs dadurch

[54] Fritz *Kern*, Gottesgnadentum und Widerstandsrecht im frühen Mittelalter, hgb. von Rudolf Buchner, Münster und Köln 1954, S. 138 ff.
[55] *Kern*, a. a. O. S. 152.
[56] *Kern*, a. a. O. S. 158.
[57] Otto *Brunner*, Land und Herrschaft, 4. Aufl., Wien und Wiesbaden 1959, S. 21 ff.
[58] Carl *Heyland*, Das Widerstandsrecht des Volkes, Tübingen 1950, S. 9.

bestellt, daß Ludwig der Deutsche und Karl der Kahle ihre Untertanen von Gehorsam und Treue für den Fall entbinden, daß sie den Vertrag verletzen[59]. Weitere Beurkundungen dieses Widerstandsrechtes sind in der folgenden Zeit u. a. in England und Ungarn erkennbar[60]. Die geistige Grundlage für dieses Widerstandsrecht ist, wie Heyland[61] feststellt, durch Jahrhunderte die Lehre von der Volkssouveränität und vom „Herrschaftsvertrag", der als zwischen Herrscher und Volk bestehend angenommen wird.

Im ständisch organisierten Staat wurde das Widerstandsrecht von den Ständen zum Schutz ihrer Eigeninteressen und der Interessen ihrer Untertanen ausgeübt[62]. Bisweilen wird dieses Recht auch allen Untertanen zugesichert. Das Widerstandsrecht diente dem Schutz bestimmter verfassungsmäßiger Rechte der Stände und des Volkes. Ein solches Recht wäre u. a. neben der Bewilligung von Steuern, der Zustimmung zur Münzprägung, dem Verbote der Veräußerung oder Verpfändung von Landesbestandteilen oder dem Recht auf Teilnahme an der landesherrlichen Verwaltung, das Recht auf unparteiischen Rechtsschutz[63]. Dabei geht es u. a. um das Recht der Landstände auf eine gerechte Rechtsprechung[64]. Verletzte der Landesherr eines der Rechte, so gefährdete er damit seine Autorität, denn in diesem Fall waren die Stände berechtigt, Widerstand zu leisten. Man kann daher sagen, daß die Freiheitsrechte des Mittelalters in der vertraglichen Selbstbindung des Herrschers gegenüber seinen Untertanen ihren Grund finden[65]. Dabei weist Mayer-Maly[66] darauf hin, daß der Vertrag die typische Rechtsform der Bindung darstellte und Vertrag und Privileg im Mittelalter eine ebenso taugliche Form genereller Normen wie das Gesetz waren, denn nach Bartolus ist „der Vertrag dessen, der Gesetze erlassen kann, Gesetz"[67].

---

[59] Monumenta Germaniae, (Schulausgabe) 3. Aufl., S. 36 ff.

[60] Siehe *Heyland*, a. a. O. S. 14.

[61] *Heyland*, a. a. O. S. 18 f. und S. 27 ff.

[62] Kurt *Wolzendorff*, Staatsrecht und Naturrecht in der Lehre vom Widerstandsrecht des Volkes gegen rechtswidrige Ausübung der Staatsgewalt, Breslau 1916, S. 29 ff. und S. 74 ff.

[63] Beachte *Wolzendorff*, a. a. O. S. 56 ff.

[64] Vgl. *Heyland*, a. a. O. S. 25 ff.

[65] *Keller*, a. a. O. S. 38, 238, 243 und 293.

[66] *Mayer-Maly*, a. a. O. S. 421.

[67] Tractatus represalarium, in: Consilia Questiones et Tractatus, Lyon 1547, p. 117.

Je mehr jedoch später am europäischen Kontinent an die
Stelle des ständischen Staates der absolute Staat trat, desto
mehr wurde diese Bedeutung des Vertrages und das Widerstandsrecht verdrängt. In einem Staat, in dem nämlich die
Staatsgewalt nicht zwischen dem Herrscher und den Ständen
als den Repräsentaten des Volkes aufgeteilt wurde, sondern
vielmehr ungeteilt in den Händen des Herrschers verblieb,
mußte das Widerstandsrecht als Einrichtung des positiven Rechts
verschwinden. An die Stelle eines dialogischen Spannungsverhältnisses trat nun die Wirkkraft der monologischen Macht.
Das Widerstandsrecht lebte aber als naturrechtliche Idee in
den Lehren verschiedener Theologen und Rechtsphilosophen
weiter. Luther[68], Calvin[69], die Monarchomachen[70], Johannes
Althusius[71] und Hugo Grotius[72] seien als Beispiele genannt.

Der Staat der Neuzeit hatte eine neue Prägung insofern
erhalten, als allmählich an die Stelle eines von verschiedenen
Rechtskreisen getragenen Personenverbandes eine Territorialherrschaft trat, in welcher der Herrscher auf seinem Staatsgebiet souverän war, d. h. er war nämlich rechtlich dadurch freigestellt, daß sein Wille absolut als Gesetz galt. Der Herrscher
übte die Staatsgewalt in legislativer, judikativer und administrativer Weise aus und bestimmte selbst die zu verfolgenden
Staatszwecke. Diese politische Entwicklung war von einer
geistigen Strömung begleitet, welche im Anschluß an René Descartes[73] die Vernunft als Grund oder Mittel der Erkenntnis
auffaßte[74]. Ihr entsprach der Vernunftsoptimismus, das Recht
als Vernunftsrecht mit Einzigkeitscharakter aufzeichnen zu können[75]. So kam es in der Folge zu den großen Kodifikationen des
privaten und des öffentlichen Rechts. Die wesentliche Voraussetzung zu diesen Leistungen erbrachte Samuel Pufendorf; er

[68] Martin *Luther*, Von weltlicher Obrigkeit, 1523.
[69] Johann *Calvin*, Institutio religionis christianae, 1559.
[70] Siehe Calvinistische Monarchomachen, hgb. von Jürgen Dennert, Köln und Opladen 1968.
[71] Beachte Peter Jochen *Winters*, Die Politik des Althusius und ihre zeitgenössischen Quellen, Freiburg im Breisgau 1963, insbes. S. 260 ff.
[72] Hugo *Grotius*, De iure belli ac pacis libri tres, 1625.
[73] René *Descartes*, Discours de la méthode, 1637, dazu Herbert *Schambeck*, Die Tragik des cartesianischen Gedankens, Neue Wege 1955, S. 8 f.
[74] Beachte *Verdross*, a. a. O. S. 108 ff.
[75] Siehe Franz *Wieacker*, Privatrechtsgeschichte der Neuzeit, 2. Aufl., Göttingen 1967, S. 322 ff.

12

hat „zum erstenmal die methodischen Bedingungen einer auto-
nomen und systematischen Sozialethik festgestellt, daraufhin
den ethischen und gedanklichen Bestand der mittelalterlichen
Soziallehren wie der ersten Begründer des Vernunftrechtes zu
einer allgemeinen Theorie des profanen Naturrechts umgeord-
net[76].“ Die Bemühungen dieser Vernunftrechtslehre gingen da-
hin, das für allgemein gültig angesehene positive Recht und
die ethischen Forderungen des Rechtsbewußtseins zu einem
Rechtsganzen zu vereinen; der Unterschied von positivem Recht
und Naturrecht sollte verschwinden. Das Recht sollte im Staat
eingefangen werden. Diese Verbundenheit führte einerseits zu
einer Humanisierung des positiven Rechts, um u. a. der Forderung nach Abschaffung der Zaubereidelikte, der Folter und der
Leibesstrafen zu entsprechen, andererseits aber auch zu einer
Stärkung des Absolutismus. Dieser wurde zwar später allmählich
insofern aufgeklärt, als er neben dem Herrschaftsanspruch des
Monarchen auch den Wohlfahrtsanspruch der Bürger vertrat.
Dabei übten die von Christian Wolff 1721 veröffentlichten
„Vernünftige Gedanken vom gesellschaftlichen Leben der Menschen“ einen entscheidenden Einfluß aus. Das Recht sollte nicht
der Machtsteigerung allein, sondern auch der Wohlfahrtsförde-
rung dienen. Der Fürst hatte als erster Diener des Staates dem
Bürger sein Glück zu „verordnen“[77]. Der Wohlfahrtszweck
wird zur Aufgabe des Staates, der er in der als Polizei bezeich-
neten Verwaltung nachzukommen suchte und deren Verwal-
tungsordnung überwiegend aus Kompetenzbestimmungen bestand. Durch die vermeintlich gänzliche Aufnahme des Rechtes,
einschließlich des Naturrechtes, in die Staatsordnung glaubte
man gleichzeitig das größte Maß an Gerechtigkeit und Glückseligkeit erzielen zu können.

Der Staat blieb in der Aufrechterhaltung der politischen
Ordnung bis ins 19. Jahrhundert ein Rechtsbewahrungsstaat,
hinsichtlich der von ihm in seiner Polizeiverwaltung verfolgten
Staatszwecke war er ein absolutistischer Wohlfahrtstaat geworden. Es tritt uns nämlich ein Staat entgegen, der nicht so sehr
von einem Gestaltungs-, sondern vielmehr von einem Erhal-
tungsstreben getragen ist. Diese Politik ist als konservativ zu

[76] *Wieacker*, a. a. O. S. 312.
[77] Beachte Theo *Stammen*, Der Rechtsstaat — Idee und Wirklichkeit in
Deutschland, München 1965, S. 42.

bezeichnen. Der Organapparat dieses Staates erschöpft sich in Gerichten, Polizeiorganen und einem Heer. Die Gesetzgebung umfaßt bloß die Regelung der Zivil- und Strafrechtspflege, des Heerwesens und die Beschaffung der für das Staatsleben erforderlichen materiellen Mittel, die in das Finanzressort fallen. Alle sonstigen Maßnahmen, die der Wirtschaftspolitik, dem Unterrichtswesen und der Wohlfahrtspflege gewidmet waren, sollten dem Staat bloß die Prägung und Erhaltung eines gehorsamen, untertänigen Bürgers ermöglichen, den der Staat für seinen Bestand notwendig hat[78]. So kam es in Österreich[79] bereits unter Josef II. zur Aufhebung der Leibeigenschaft, der Errichtung von Manufakturen, zur Beseitigung der Zünfte und zur Einführung einer freien Ordnung und Verwaltung des Gewerbewesens, zum Beginn der Verstaatlichung und Verwaltung der Schulen und zu Maßnahmen auf dem Gebiete des Gesundheitswesens und der Armenpflege.

Der Staat dieser Zeit setzte diese Gewalt sowohl im Dienste des Rechts- und Machtzweckes, als auch des Kultur- und Wohlfahrtszweckes ein, dabei bestand aber kein enger rechtlicher Zusammenhang zwischen beiden Zweckgruppen des Staates, da es noch kein ausgebautes Rechtsschutzsystem gab, das auch dem Einzelnen einen subjektiven Rechtsanspruch auf ein staatliches Organhandeln verschafft hätte. Es fehlte eine Verfassung und die Möglichkeit des Volkes, an der Bestimmung des Ausmaßes seiner Wohlfahrt und Glückseligkeit mitwirken zu können. Der Staat des aufgeklärten Absolutismus war auf den Staatszweck, nicht aber auf die Form des Staatshandelns abgestellt, das auch hinsichtlich seiner Vorhersehbarkeit und Berechenbarkeit unbestimmt blieb.

Erst die Kodifikationsbestrebungen, die sich anfangs auf das private Recht gerichtet hatten, leiteten hier eine Ausrichtung im Hinblick auf eine vorhersehbare und berechenbare Rechtsbindung des Staates ein, die auch den Einzelnen zu Ansprüchen berechtigte. So hatte der eigentliche Verfasser des Allgemeinen

---

[78] Beachte Anselm *Desing*, Juris naturae larva detracta, 1753, und dazu Herbert *Schambeck*, Anselm Desings Kritik an der Vernunftrechtslehre der Neuzeit, Festschrift für Alfred Verdross, München 1970.

[79] Dazu Ernst C. *Hellbling*, Österreichische Verfassungs- und Verwaltungsgeschichte, Wien 1956, und Herbert *Schambeck*, The development of Austrian administrative law, Revue internationale des science administrative 1962, S. 215 ff.

14

Landrechtes, Carl Gottlieb Svarez, am 1. April 1789 schon vor
der Verkündigung des preußischen Gesetzbuches in einem Vortrag vor der Mittwochgesellschaft zu Berlin erklärt, daß in
einem Staat, der keine eigentliche Grundverfassung kenne, eine
allgemeine Gesetzgebung bestehen könne, die den Charakter
eines Grundgesetzes trage und den Gesetzgeber selbst binde[80].
Diese Erklärung läßt die Staatsauffassung des Absolutismus
erkennen, der eine von der Vernunftrechtslehre geprägte Lehre
vom Staats- und Gesellschaftsvertrag zugrunde liegt. Welche
neue, nämlich demokratiebezogene Entwicklung im Kommen
war, zeigte sich, als die von Friedrich Wilhelm II. nach seiner
Thronbesteigung durch die Kabinettsordnung vom 27. August
1786[81] veranlaßte Mitwirkung der Stände bei der Bearbeitung
des Entwurfes zum Allgemeinen Gesetzbuch in der Vorerinne-
rung zum 2. Teil des Entwurfes 1787 so gedeutet wurde, daß
sich die Untertanen Preußens mit Recht rühmen könnten, unter
Gesetzen zu leben, die von ihnen selbst geprüft und genehmigt
worden seien[82]. Zehn Jahre später enthält das von Carl Anton
von Martini in Österreich geprägte Bürgerliche Gesetzbuch für
Westgalizien von 1797 auch den Grundsatz der justizförmigen
Entscheidung von Rechtsstreitigkeiten, selbst wenn diese sich
zwischen dem Staatsoberhaupt als Privatperson und anderen
Landesbewohnern ereignen[83]. Dieses Gesetzbuch enthält auch
angeborene Rechte der Menschen, welche die bürgerliche Gesetzgebung dem Einzelnen belassen muß und die den Kern der
bürgerlichen Freiheit[84] bilden, wie das Recht, sein Leben zu
erhalten, die dazu nötigen Dinge sich zu beschaffen, seine Leibes-
und Geisteskräfte zu veredeln, sich und das Seinige zu verteidi-
gen, seinen guten Leumund zu behaupten, endlich das Recht,
mit dem Seinigen frei zu schalten und zu walten[85]. Die naturrechtliche Lehre vom Staatsgründungsvertrag, vor allem mit

[80] Vorträge über Recht und Staat bei Carl Gottlieb *Svarez*, hgb. von
Hermann Conrad und Gerd Kleinheyer, Köln 1960, S. 635 f.
[81] Novum Corpus Constitutionum VIII no 52, S. 146 ff.
[82] Entwurf eines Allgemeinen Gesetzbuches für die Preußischen Staaten,
Zweyter Theil, Berlin und Leipzig 1787, Vorinnerung und Hermann *Conrad*,
Rechtsstaatliche Bestrebungen im Absolutismus Preußens und Österreichs am
Ende des 18. Jahrhunderts, Köln und Opladen 1961, S. 13.
[83] Siehe dieses I §§ 36/37.
[84] *Conrad*, a. a. O. S. 37.
[85] I, § 29, siehe dazu Philipp Harras Ritter *von Harrasowski*, Der Codex
Theresianus und seine Umarbeitungen, V. Bd., Wien 1886, S. 16.

John Locke[86] beginnend, hat entscheidend zum Verständnis und zur Anerkennung der Menschenrechte beigetragen[87].

Durch diese Anerkennung des Menschen als Rechtsperson brachte die preußische und österreichische Gesetzgebung anfangs für den Bereich des privaten Rechtes und später darüber hinausreichende Neuerungen, die, wie Hermann Conrad schon betonte[88], die alte von der systematischen Jurisprudenz des 16. Jahrhunderts geschaffene und von der Pandektenlehre fortentwickelte Lehre vom Status des Menschen überwunden und an deren Stelle den Begriff der Rechtsperson gesetzt hat[89]. In diesem Sinne erklärte auch das weitgehend von Franz von Zeiller beeinflußte Österreichische Allgemeine Bürgerliche Gesetzbuch im § 16: „Jeder Mensch hat angeborene, schon durch die Vernunft einleuchtende Rechte und ist daher als eine Person zu betrachten."

Durch derartige positivierte vernunftrechtliche Feststellungen wurde das Verhältnis des Staates zum Einzelnen unter Anerkennung einer naturrechtlichen vorstaatlichen Ordnung neu geregelt, und es wurden noch in einer Zeit absoluter Monarchie grundlegende Ansätze zu einer neuen Verbundenheit von Staat und Recht geschaffen.

Dieses Bemühen um eine neue Beziehung von Recht und Staat ist verständlich, wenn man bedenkt, daß das Wohlfahrtsstreben des aufgeklärten Absolutismus zu einer Reihe von polizeistaatlichen Maßnahmen führte, die zwar den Zweck vorgaben, dem Glück des Einzelnen zu dienen, andererseits aber als unberechenbare und unvorhersehbare Interventionen des Staates in die Privatsphäre des Einzelnen empfunden wurden, zu deren Zustandekommen der Einzelne nichts beitragen konnte, da sie allein vom Herrscher ausgingen. Dazu kam noch, daß im Zuge dieser Wohlfahrtsstaatspflege die früheren ständischen Freiheiten immer mehr an den absoluten Monarchen übergingen. Dies fand harte Kritik, insbesondere durch Justus Möser[90],

---

[86] John *Locke*, Two Treatises of government, 1690.
[87] Über die Bedeutung dieser Lehre für den Rechtsstaat siehe Otto von *Gierke*, Das Deutsche Genossenschaftsrecht, 4. Band, 1913, Neudruck Darmstadt 1954, S. 406 f.
[88] *Conrad*, a. a. O. S. 43 f.
[89] Siehe Hermann *Conrad*, Individuum und Gemeinschaft in der Privatrechtsordnung des 18. und 19. Jahrhunderts, Karlsruhe 1956.
[90] Justus *Möser*, Patriotische Phantasien, Berlin 1774—1786.

Johann Jakob Moser[91], Karl Friedrich von Moser[92], aber auch in der Dichtung von Gotthold Ephraim Lessing[93], Friedrich Gottlieb Klopstock[94], Christoph Martin Wieland[95] und Friedrich Schiller[96]. Die wirkungsvollste Kritik am absolutistischen Wohlfahrtstaat übte aber Immanuel Kant. Für ihn ist der Zweck des Einzelnen nicht die Wohlfahrt, sondern die Pflichterfüllung. Dazu gab er eine formale Bestimmung der Ziele menschlichen Handelns an. Für Kant war auch die Glückseligkeit kein allgemeines Gesetz des Staates, sondern „der größte denkbare Despotismus"[97]. Der Staat selbst ist für Kant eine Gemeinschaft gleicher sittlicher Persönlichkeiten unter der Herrschaft von Rechtsgesetzen[98]. Der Staat wird von Kant also an das Recht gebunden, denn der Staat ist auch nur soweit Staat, als er Rechtsstaat ist. Die Lehre von der höchsten Gewalt des Herrschers wird damit verworfen, ist es doch nach Kant Sinn der Rechtsgesetze, das Zusammenleben der Menschen sicherzustellen, indem sie den Menschen, die daher auch kein Recht auf Widerstand haben, die Freiheit sichern[99]. Auf diese Weise hat Kant dem Staat einzig und allein die Verfolgung des Rechtszweckes vorgeschrieben und so zugleich das Ausmaß seiner Staatszwecke beschränkt.

Mit Kant erfolgt deutlich eine Abkehr vom Totalitätsprinzip des aufgeklärten Wohlfahrtsstaates und eine Wertverschiebung vom Staat zum Recht, welches der einzige sittlich erlaubte Zweck des Staates war[100]. Dabei zeigt sich schon damals die

---

[91] Johann Jakob *Moser*, Abhandlungen von den Kaiserlichen Machtsprüchen, Frankfurt 1750.

[92] Karl Friedrich *von Moser*, z. B. Der Herr und der Diener geschildert mit Patriotischer Freyheit, Frankfurt 1759.

[93] Gotthold Ephraim *Lessing*, Emilia Galotti, 1772.

[94] Friedrich Gottlieb *Klopstock*, Die deutsche Gelehrtenrepublik, 1774.

[95] Christoph Martin *Wieland*, Der Goldene Spiegel, oder die Könige von Scheschian, 1772.

[96] Friedrich *Schiller*, Die Räuber, 1781; Die Verschwörung des Fiesco zu Genua, 1783; Kabale und Liebe, 1784; Wilhelm Tell, 1804.

[97] Immanuel *Kant*, Über den Gemeinspruch: Das mag in der Theorie richtig sein, taugt aber nicht für die Praxis, II, Berlin 1793.

[98] Immanuel *Kant*, Idee zu einer allgemeinen Geschichte in weltbürgerlicher Absicht, Berlin 1784.

[99] Immanuel *Kant*, Metaphysische Anfangsgründe der Rechtslehre, Einleitung in die Rechtslehre, Königsberg 1797.

[100] Adolf *Merkl*, Die Wandlungen des Rechtsstaatsgedankens, öVBl. 1937, S. 177.

Nähe dieses Rechtsstaatsgedankens mit der Idee der Demokratie, da nach Kant die Gewalt des Gesetzgebers „nur dem vereinigten Willen des Volkes" zukommt[101]. Diese Idee wird mit einem liberalen Gedanken verbunden, nämlich mit jenem der Dreiteilung der Staatsgewalt[102].

Kant stand mit seiner Forderung nach Einschränkung der Staatsgewalt nicht allein; Johann Gottlieb Fichte verlangte sie 1793 in seiner Schrift „Zurückforderung der Denkfreiheit von den Fürsten Europas, die sie bisher unterdrückten" ebenso wie Wilhelm von Humboldt 1791 in seiner „Idee zu einem Versuch, die Grenzen der Wirksamkeit des Staates zu bestimmen." Es trat eine Besinnung auf ein neu verstandenes Menschenbild ein, das eine Sicherung der Freiheit des Einzelnen verlangte, daher nach einer Verfassung, einer demokratischen Gesetzgebung und einer Gewaltenteilung strebte. So wurden an der Wende vom 18. zum 19. Jahrhundert in einer einmaligen geistigen Nähe gleichzeitig mehrere Möglichkeiten einer Bindung des Staates an das Recht sichtbar.

II

In dieser Geistigkeit des deutschen Frühliberalismus kam es im ersten Drittel des 19. Jahrhunderts zur Verwendung des Wortes, das die Bindung des Staates an das Recht ausdrücken sollte, nämlich des Rechtsstaates, als welchen Carl Theodor Welcker 1813 den „Staat der Vernunft"[103], Johann Christoph Freiherr von Aretin 1824 den Staat bezeichnete, „in welchem nach dem vernünftigen Gesamtwillen regiert und nur das allgemeine Beste erzweckt wird"[104] und schließlich Robert von Mohl 1829 einen „Verstandesstaat" bezeichnete[105]. Mohl leitet diesen Staat aus dem Vertrag der Einzelnen ab, tritt für eine Beschränkung seiner Tätigkeit im Interesse des Freiheitsschutzes der Einzelnen ein und verlangt die Erlassung genauer Gesetze und die Bereitstellung von Gerichten zum

[101] Immanuel *Kant*, Metaphysik der Sitten, § 46.
[102] *Kant*, a. a. O. § 45.
[103] Carl Theodor *Welcker*, Die letzten Gründe von Recht, Staat und Strafe, Gießen 1813, 1. Buch, Kap. 6, S. 25.
[104] Johann Christoph Freiherr von *Aretin*, Staatsrecht der konstitutionellen Monarchie, Bd. I., Altenburg 1824, S. 163.
[105] Robert *von Mohl*, Das Staatsrecht des Königreichs Württemberg, Bd. I, Tübingen 1829, S. 11.

18

Schutz der Untertanen[106]. Während also Kant die Rechtsstaatlichkeit in der sachlichen Beschränkung der Staatstätigkeit sah,
erblickt sie Mohl in ihrer rechtlichen Formung[107]. Wie der Titel
seines dreibändigen zwischen 1832 und 1866 in drei Auflagen
erschienenen Werkes „Polizeiwissenschaft nach den Grundsätzen
des Rechtsstaates" zeigt, geht es Mohl nicht um die Staatszwecke,
sondern um die Darstellung des formalen Rechtsstaates. In
diesem Sinne tritt Mohl ein für die Anerkennung der staats-
bürgerlichen Rechte[108], die Unabhängigkeit der Richter, die
Verantwortung der Regierung und die Herrschaft der Gesetze,
die in einer von Volksrepräsentanten getragenen gesetzgebenden
Körperschaft beschlossen werden[109].

Für eine Unterstellung der Verwaltung als einem selbständi-
gen Teil der Vollziehung unter das Gesetz als dem Ausdruck
freier Selbstbestimmung des Volkes sprach sich Lorenz von
Stein aus[110]. Er war dabei weniger an dem Rechtsstaat als mehr
an dem genannten Verhältnis von Staat und Gesellschaft inter-
essiert, das er sich nicht als Gegensatz, sondern als Ergänzung
vorstellt, weshalb er auch für die Errichtung der Selbstverwaltung der freien Verwaltungskörper eintritt[111]. Stein ist es in
einem umfassenden Sinn um die Freiheitssicherung des Einzelnen und gesellschaftlicher Kräfte im Staat gegangen, deren
Koordinierung er anstrebte.

Eine Formalisierung des Rechtsstaates, die weit über die
Forderungen Robert von Mohls hinausging, hatte Julius von
Stahl angestrebt. Er erklärte, der Rechtsstaat „bedeutet über-
haupt nicht Ziel und Inhalt des Staates, sondern nur Art und
Charakter, dieselben zu verwirklichen"[112]. Für Stahl war der
Rechtsstaat nicht mehr als ein zu verschiedenen Zwecken ver-
wendbares Instrument. Richtig konnte daher Rudolf von Gneist
von ihm sagen, daß das, was Stahl als Rechtsstaat bezeichnete,

---

[106] *von Mohl,* a. a. O. Bd. 2, S. 3 ff. und *Derselbe,* Die Geschichte und
Literatur der Staatswissenschaften, I Bd., Erlangen 1855, S. 230.
[107] Erich *Angermann,* Robert von Mohl, Neuwied 1962, S. 113.
[108] *von Mohl,* Das Staatsrecht, S. 268 f.
[109] *von Mohl,* a. a. O. S. 451 ff. und 529 f.
[110] Lorenz *von Stein,* Verwaltungslehre, 2. Aufl., 1. Bd., Stuttgart 1869,
S. 82 ff.
[111] *von Stein,* a. a. O., 2. Bd., S. 148 ff.
[112] Julius *von Stahl,* Philosophie des Rechts, II/2. Bd., Neudruck der
5. Auflage Tübingen 1878, S. 138.

jeder seiner Gegner wörtlich unterschreiben konnte[113]. Er bemühte sich zum Unterschied von Stahl um eine Ausformung des Rechtsstaates durch verschiedene Rechtseinrichtungen, wobei er u. a. die Qualität der Gesetze, die Einbeziehung von Laien in die Verwaltung und im weitesten Sinn auch die Kontrollmöglichkeiten der Verwaltung behandelte, in deren Rahmen er sich für eine Verwaltungskontrolle durch eine eigene Verwaltungsgerichtsbarkeit aussprach, die aus der Verwaltung selbst hervorgeht und nicht eine Funktion der bestehenden ordentlichen Gerichte ist. Gneist läßt bereits in der Aufdeckung der Beziehung von Demokratie und Rechtsstaat und der Bedeutung der Verwaltungsgerichtsbarkeit die neuen Wege dieses Rechtsstaates erkennen; letztgenannter gerichtlicher Rechtsschutz stand auch für Otto Bähr im Vordergrund[114].

Dieser anfangs des 19. Jahrhunderts geprägte Begriff des Rechtsstaates war in kritischer Auseinandersetzung mit der polizeistaatlichen Wohlfahrtspflege des aufgeklärten Absolutismus entstanden, denn es wurde, wie schon angedeutet, als unvereinbar mit dem Bild des Menschen erachtet, daß dem Einzelnen das Maß der ihm zukommenden Wohlfahrt unvorhersehbar und unberechenbar obrigkeitlich gleichsam „verordnet" wird. Eine neue Form des Rechtsschutzes sollte für den Einzelnen gefunden werden. Kant verlangte eine Bindung des Staates an das Recht, für den eine Anzahl von Juristen, voran Mohl, verschiedene Rechtseinrichtungen, wie u. a. die Bindung der Verwaltung an die Gesetze, Formen der Selbstverwaltung, die Demokratisierung der Verwaltung und die Verwaltungsgerichtsbarkeit verlangen. Dabei war das Recht in Auseinandersetzung mit dem Polizeistaat anfangs als Ziel und Zweck des Staates aufgefaßt worden. Im Zuge der Verwirklichung dieser Idee wurde das Recht aber vom Zweck zum Mittel des Staates. Während nämlich der Rechtsstaat ursprünglich, insbesondere von Kant, als eine Möglichkeit der Beschränkung des staatlichen Wollens auf den Rechts- und Machtzweck angesehen wurde, tritt später, insbesondere durch Mohl, Stahl, Gneist und Bähr, insofern eine Änderung ein, als der Rechtsstaatsbegriff vom Ausmaß auf die Form der Tätigkeit des Staates gewandelt wurde.

---

[113] Rudolf *von Gneist*, Der Rechtsstaat und die Verwaltungsgerichte in Deutschland, 2. Auflage, Berlin 1879, S. 33.

Die Tätigkeit des Staates sollte an das Gesetz gebunden werden. Dabei wurde diese Gesetzesbindung des Staates ursprünglich auf Leben, Freiheit und Eigentum des Einzelnen bezogen, welche Gebiete dem Schutz der Gesetze vorbehalten wurden[115]. Später wurde der Gesetzesvorbehalt dahingehend erweitert, daß jeder Eingriff der Verwaltung auf einer gesetzlichen Ermächtigung beruhen mußte[116]. An die Stelle der negativen Bindung der Verwaltung an die Gesetze, die dem Staat auftrug, in Wahrung des Schutzes der genannten Rechtsgüter gegen die bestehenden Gesetze nicht zu verstoßen, trat die Pflicht des Staates, kein Handeln ohne gesetzliche Ermächtigung zu setzen, also die positive Bindung. War der Staat ursprünglich in seiner Zweckbeschränkung bloßer Rechtsbewahrungstaat, den Ferdinand Lassalles kritisch als Nachtwächterstaat[117] bezeichnet hatte, wird er nun zum Rechtswegestaat, d. h. zu einem Staat, dem nicht so sehr die Aufgabe der Rechtsziele, als vielmehr die Anlage der Rechtswege, nämlich die Rechtsform, vorgeschrieben wird. An die Stelle des Rechtsstaates im materiellen Sinn, dem die Herstellung und Aufrechterhaltung von Ruhe, Ordnung und Sicherheit im Innern und nach außen aufgetragen war, trat der Rechtsstaat im formellen Sinn, dem außer den genannten Aufgaben im Dienst des Recht- und Machtzweckes auch alle Möglichkeiten des Kultur- und Wohlfahrtszweckes unter der Voraussetzung offen standen, daß sie sich in rechtlicher Weise vorhersehen und berechenbar verwirklichen ließen[118].

In den folgenden Jahrzehnten hat der Staat diese Rechtswege in vielfältiger Weise benutzt. Die innere Verwaltung erhielt,

[114] Otto *Bähr*, Der Rechtsstaat, Kassel und Göttingen 1864.
[115] Siehe Otto *Mayer*, Deutsches Verwaltungsrecht, 1. Bd., Berlin 1895, S. 69 ff.
[116] Beachte Adolf *Merkl*, Idee und Gestalt der politischen Freiheit, in: Demokratie und Rechtsstaat, Festgabe für Zaccaria Giacometti, Zürich 1953, S. 174 und Ulrich *Scheuner*, Die neuere Entwicklung des Rechtsstaats in Deutschland, in: Hundert Jahre Deutsches Rechtsleben, Festschrift zum hundertjährigen Bestehen des Deutschen Juristentages 1860—1960, II. Bd., Karlsruhe 1960, S. 243.
[117] Ferdinand *Lasalle*, Arbeitsprogramm, Rede über den besonderen Zusammenhang der gegenwärtigen Geschichtsperiode mit der Idee des Arbeiterstandes, gehalten am 12. April 1862 in Berlin im Handwerkerverein der Oranienburger Vorstadt, abgedruckt in: Ferdinand Lasalles Gesammelte Reden und Schriften, herausgegeben und eingeleitet von Eduard Bernstein, Band II, Berlin 1920/21, S. 195.
[118] Adolf *Merkl*, Reine Rechtslehre und Moralordnung, ÖZöR 1961, S. 303.

wie die Geschichte der Verwaltungsorganisation zeigt, eine vielfache Auffächerung. Der Staat kümmerte sich in der zweiten Hälfte des 19. Jahrhunderts nicht bloß um die Rechtspflege, die Polizeiverwaltung und das Heerwesen, sondern auch um die Wirtschafts-, Sozial- und Kulturpolitik. So wurde der Staat auf den Wegen dieses Rechtsstaates von einem absoluten zu einem konstitutionellen Wohlfahrtsstaat, d. h. zu einem Staat, der sich nicht aus herrschaftlichem Wohlwollen, sondern auf Grund einer Verfassungsermächtigung u. a. auch um die Bildung und Erziehung seiner Jugend kümmerte und seiner Bevölkerung in einem Arbeits- und Sozialversicherungsgesetz einen Sozialschutz für Krankheit, Not und Alter zu bieten hatte. In der Überwindung der Staatszweckbegrenztheit des materiellen Rechtsstaates eröffnete der formelle Rechtsstaat der politischen Entwicklung verschiedene Möglichkeiten.

Die Mannigfaltigkeit dieses Rechtswegestaates war zum einen in der mit dem Sinnwandel des Rechtsstaates gleichzeitig an Boden gewinnenden Idee der Demokratie begründet, die nach Ansätzen in der französischen Revolution 1789 seit der Revolution 1848 in den deutschen Landen nach einer Mitwirkung des Volkes an der Staatswillensbildung und auch unter dem Einfluß des Vernunftoptimismus und der neuzeitlichen Naturrechtslehre nach den Kodifikationen des privaten Rechts auch die Kodifikationen des öffentlichen Rechts in einer geschriebenen Verfassung verlangte, die den Monarchen und die Staatsorgane ebenso an das Recht binden wie das Volk berechtigen sollte; zum anderen lag sie in einem vom Liberalismus geförderten Streben nach einer Vervollkommnung des Systems des Rechtsstaates. Liberalismus und Demokratismus gingen auf diese Weise schon im 19. Jahrhundert eine Symbiose ein, die zum demokratischen Rechtsstaat führte.

Kennzeichen dieses Rechtsstaates ist vor allem der Schutz der Grundrechte, der Vorrang des Gesetzes, der alles Staatshandeln an die Ermächtigung durch ein Gesetz im formellen und materiellen Sinn bindet, die Trennung der Justiz von der Verwaltung, das Streben nach einer Justizmäßigkeit der Verwaltung, die durch ein die Kompetenzen und das Verfahren der Verwaltung regelndes Gesetz gekennzeichnet ist, eine Gerichtsbarkeit öffentlichen Rechts, die in einer Verfassungs- und Verwaltungsgerichtsbarkeit das Handeln des Staates an der Verfassung oder dem Gesetz prüft und letztlich, gleichsam als Krönung, die Amtshaftung des Staates für die Schäden, welche seine Organwalter anläßlich der Gesetzesvollziehung dem Einzelnen zufügen. Für ein Widerstandsrecht des Einzelnen war schon beginnend mit dem Konstitutionalismus im Rechtsstaat kein Platz; subjektiv öffentliche Rechte des Einzelnen gegenüber dem Staat dienten ihm vielmehr als Schutz.

Die Entwicklung dieses Rechtsschutzsystems war das Ergebnis jahrzehntelanger Bemühungen[119], die nicht immer systematisch verliefen. So kam es in Österreich zuerst, nämlich 1869, zur Errichtung eines Verfassungsgerichtshofes, des Reichsgerichtes, dem erst sieben Jahre später, 1876, die Errichtung des Verwaltungsgerichtshofes folgte[120], da man sich nicht sogleich vorstellen konnte, daß unabhängige Richter die Verwaltungsakte beurteilen. Auf Grund der Rechtsprechung dieses Verwaltungsgerichtshofes schuf man fünfzig Jahre hernach, 1925, die heute noch geltenden Verwaltungsverfahrensgesetze. Das Amtshaftungsgesetz wurde 1948 beschlossen. Ein anderes Beispiel hierfür ist die Entwicklung der Grundrechte in Österreich[121]. Sie wurden 1867 im Staatsgrundgesetz über die allgemeinen Rechte der Staatsbürger niedergelegt und gelten noch heute, nach mehr als hundert Jahren, obgleich sich inzwischen die Staatsform Österreichs grundlegend geändert hat[122].

Diese Beispiele seien genannt, um zu zeigen, wie trotz des Wechsels der Staatsformen und politischen Ordnungssysteme die Entwicklung des Rechtsstaates nahezu unberührt vor sich ging. Außer dem Schutz der Freiheit und der Würde des Menschen wollte dieser Rechtsstaat nur der Rechtssicherheit dienen, sonstiger Wertentscheidungen enthielt er sich. Diese Rechtssicherheit auf Grund der Gewährung von Menschen- und Bürgerrechten, der Teilung der Gewalten, der Gerichtsbarkeit und der Gesetzesbindung der Verwaltung war aber nur möglich,

[119] Siehe dazu *Scheuner*, a. a. O. S. 229 ff.; Werner *Kägi*, Zur Entwicklung des Schweizerischen Rechtsstaates seit 1848, in: Hundert Jahre schweizerisches Recht, Jubiläumsausgabe der ZfschwR. 1952, S. 173 ff., und Leopold *Werner*, Österreichs Weg zum Rechtsstaat, JBl. 1948, S. 120 ff.

[120] Siehe 90 Jahre Verwaltungsgerichtsbarkeit in Österreich, Wien 1966.

[121] Beachte Felix *Ermacora*, Handbuch der Grundfreiheiten und der Menschenrechte, Wien 1963, und Erwin *Melichar*, Die Entwicklung der Grundrechte in Österreich, Wien 1964.

[122] Dazu näher Herbert *Schambeck*, Die Menschenrechte und das österreichische Verfassungsrecht, Wissenschaft und Weltbild 1969, S. 91 ff.

weil dieser Rechtsstaat zum Unterschied von allen bisherigen Formen seines Sinnwandels durch den Konstitutionalismus auch Verfassungsstaat geworden war[123]. Schon Kant sagte, daß eine Verfassung (constitutio) nötig sei, um dessen, was Rechtens ist, teilhaftig zu werden[124].

Das öffentliche Leben des Staates sollte von einer normativen Verfassung beherrscht werden, die das gesamte Handeln des Staates vorhersehbar und berechenbar werden ließ und den Einzelnen durch den Rechtsschutz des Gesetzes und den damit verbundenen subjektiven öffentlichen Rechtsanspruch auf die Stufe des Staates hob. Der Einzelne wurde damit dem Staat wirksam ebenbürtig[125]. Die Ebenbürtigkeit war in der Monarchie Ausdruck der Repräsentation des Volkes gegenüber dem Monarchen, den man auch binden wollte. Als es im 20. Jahrhundert zur Ausrufung der Republik kam, führte dieser Rechtsstaat zur Selbstbindung des Volkes. Der Grundsatz der Rechtsstaatlichkeit stellte die Garantie für die gesetzesmäßige Vollziehung des Volkswillens dar und wurde so eine Form der Selbstbindung des Volkes, denn auch in einer demokratischen Republik soll Willkür verhindert werden. Gerade in der Demokratie hat das Gesetz als Postulat des Rechtsstaates eine besondere Aufgabe zu erfüllen. Es hat in Erfüllung seiner Repräsentationsfunktion den Willen des Volkes zur Darstellung und Vollziehung zu bringen, dabei erfüllt es gleichzeitig seine Integrationsfunktion, da es nur dann Grundlage des Staatshandelns sein kann, wenn es die auch noch so vielschichtige Gesellschaft zu einem Ganzen zu einen versteht. Im Dienste des modernen Vielzweckestaates, der auch im Dienste der Kultur und Wohlfahrt steht, vermag das Gesetz noch eine dritte Funktion zu erfüllen, es kann soziale und kulturelle Unterschiede und Nachteile ausgleichen und erfüllt so eine Korrekturfunktion.

So wurde auf diese Weise das Gesetz zum Mehrzweckinstrument. Diese Mehrzweckeverwendung des Gesetzes ist ein typisches Zeichen für die Reduktion auf den formellen Rechtsstaat. Wie Ulrich Scheuner es ausdrückte, vermied die formelle Auf-

---

[123] Siehe Carl. J. *Friedrich*, Der Verfassungsstaat der Neuzeit, Berlin-Göttingen-Heidelberg 1953.

[124] Immanuel *Kant*, Metaphysik der Sitten, § 43.

[125] Hans R. *Klecatsky*, Die verfassungsrechtliche Problematik des modernen Wirtschaftsstaates, Graz 1968, S. 7: „Das Gesetz hebt den schwachen Einzelnen auf die Stufe des starken Kollektivs."

fassung des Rechtsstaates, die seit dem Ausgang der großen politischen Auseinandersetzungen der Mitte des 19. Jahrhunderts und mit dem Vordringen der positivistischen Anschauungen die Vorherrschaft erlangt hatte, in den Begriff des Rechtsstaates Aussagen über die Begrenzung der Staatszwecke oder die verfassungsrechtlichen Voraussetzungen aufzunehmen[126]. Der Grundsatz der Gesetzmäßigkeit ließ die Forderung eines Ausbaues der materiellen Verwaltungsgesetzgebung ebenso entstehen und verstehen wie die Einschränkung der Verordnungsbefugnisse und die Kontrolle der Rechtmäßigkeit des Ermessens. Eine auf die Freiheit und Würde des Menschen bezogene Aussage konnte dieser Rechtsstaat nicht beinhalten. Dies zeigte sich am deutlichsten, als die parlamentarische Gesetzgebung zum Mittel einer totalitären Politik geworden war und man die Grundrechte als einen Aufstand des Egoismus gegen die Volksgemeinschaft bezeichnete. Vom Rechtsstaat war nur mehr eine leere Schale der Gesetzlichkeit[127] geblieben, die ohne jeden metaphysischen Bezug auch autoritäre und totalitäre Staatsdoktrinen aufnehmen konnte[128]. Es war ein Rechtsstaat, der die Rechtssicherheit auf Kosten der Gerechtigkeit überbetonte[129]. Der präpositive Bezug des Rechtes wurde verkannt, Recht mit Gesetz gleichgesetzt, so daß dieser Rechtsstaat nicht von Rechtlichkeit, sondern von einer Staatlichkeit getragen war[130] und die Gesetze zwar von formeller Positivität, aber keiner materiellen Normativität gekennzeichnet waren. Der Rechtsstaat war ein Mittel des Totalitarismus geworden, der Freiheit und Würde des Menschen zuwider handelte.

III

Als die Ernüchterung nach diesem Mißbrauch des Rechtsstaates eintrat, erfolgte eine große Umkehr. Sie wird in der Theorie des Rechts am deutlichsten bei Gustav Radbruch, der noch 1932 in der 3. Auflage seiner Rechtsphilosophie schrieb:

[126] *Scheuner*, a. a. O. S. 247.

[127] *Scheuner*, a. a. O. S. 248.

[128] In diesem Sinne bereits Adolf *Merkl*, Die Wandlungen des Rechtsstaatsgedankens, öVBl. 1937, S. 180 ff.

[129] Hans *Huber*, Niedergang des Rechts und Krise des Rechtsstaates, in: Demokratie und Rechtsstaat, S. 70.

[130] Franz *Schneider*, Die politische Komponente der Rechtsstaatsidee in Deutschland, Polit. Vierteljahresschrift 1968, S. 346.

„Wer Recht durchzusetzen vermag, beweist damit, daß er Recht zu setzen berufen ist"[131], 1945 aber erkannte: „Es kann Gesetze mit einem solchen Maße von Ungerechtigkeit und Gemeinschädlichkeit geben, daß ihnen die Geltung, ja der Rechtscharakter abgesprochen werden muß"[132].

Nach Jahren des Rechtsmißbrauches setzte eine Besinnung auf den präpositiven Bezug des Gesetzesrechtes und damit der Freiheit und Würde des Menschen ein. Da dieser Mißbrauch im deutschsprachigen Raum am stärksten war, wurde das Wiederaufleben des Naturrechtsdenkens hier auch am deutlichsten. Hans Carl Nipperdey erklärte, daß die Würde des Menschen einen Charakter indelebilis hat, der sich als eine gleichbleibende Forderung an jede Sozial- und Wirtschaftsordnung erweist[133], und Josef Wintrich stellte fest: „Würde kommt dem Menschen um deswillen zu, weil er seiner seinsmäßigen Anlage nach ‚Person' ist[134]." Diese Aussagen fanden ihre geistesgeschichtliche Begründung in der „Abendländischen Rechtsphilosophie" von Alfred Verdroß[135] und ihre Ausführung im „Naturrecht" Johannes Messners[136].

Verfassungsrechtlich drückte sich diese Entwicklung klar im Verfassungsrecht der BRD aus, dessen Grundgesetz u. a. im Art. 20 Abs. 3 eine Bindung der vollziehenden Gewalt und der Rechtsprechung an Gesetz und Recht vorsieht, dem Staat im Art. 20 (1) vorschreibt, sozialer Bundesstaat und im Art. 28 (1), sozialer Rechtsstaat zu sein und im Art. 79 (3) jede Verfassungsänderung für unzulässig erklärt, die den Schutz der Menschenwürde und die demokratisch rechtsstaatliche Verfassung berührt. Zum Schutze dieses Rechtsstaates wurde in drei Deutschen Landesverfassungen ein bemerkenswert neuer Weg beschritten. So sieht die Verfassung von Bremen 1947 im Art. 19 jedermanns Recht und Pflicht zum Widerstand vor, „wenn die in der Ver-

---

[131] Gustav *Radbruch*, Rechtsphilosophie, 3. Aufl., Stuttgart 1932, S. 81.

[132] Gustav *Radbruch*, Rechtsphilosophie, 5. Aufl., Stuttgart 1956, S. 336.

[133] Hans Carl *Nipperdey*, Die Würde des Menschen, in: Neumann-Nipperdey-Scheuner, Die Grundrechte, 2. Bd., Berlin 1954, S. 3.

[134] Josef M. *Wintrich*, Zur Problematik der Grundrechte, Köln und Opladen 1957, S. 6.

[135] Alfred *Verdross*, Abendländische Rechtsphilosophie, ihre Grundlagen und Hauptprobleme in geschichtlicher Schau, 2. Aufl., Wien 1963.

[136] Johannes *Messner*, Das Naturrecht, Handbuch der Gesellschaftsethik, Staatsethik und Wirtschaftsethik, 5. Aufl., Innsbruck-Wien-München 1966.

26

fassung festgelegten Menschenrechte durch die öffentliche Gewalt verfassungswidrig angetastet werden", berechtigt Art. 23
Abs. 3 der Berliner Verfassung von 1950 jedermann zum
Widerstand, wenn die in der Verfassung niedergelegten Grundrechte offensichtlich verletzt werden und ist schließlich nach
Art. 147 Abs. 1 der Hessischen Verfassung von 1946 jedermanns
Recht und Pflicht, Widerstand gegen verfassungswidrig ausge-
übte öffentliche Gewalt zu leisten. Wie aus der Überschrift des
betreffenden Abschnittes letztgenannter Landesverfassung zu
entnehmen ist, wird der Widerstand zum „Schutz der Verfassung" gerechnet. In diesem Sinne hat später der Bundestag
mit dem Siebzehnten Gesetz zur Ergänzung des Grundgesetzes
vom 24. Juni 1968[137] ein individuelles Widerstandsrecht als
Art. 20 Abs. 4 GG. in das deutsche Bundesverfassungsrecht
eingebaut: „Gegen jeden, der es unternimmt, diese Ordnung
zu beseitigen, haben alle Deutschen das Recht zum Widerstand,
wenn andere Abhilfe nicht möglich ist." Zum Schutz der „frei-
heitlich demokratischen Grundordnung"[138] wurde der Widerstand von einer Selbsthilfe des Einzelnen für sich zu einer
positiv-rechtlichen Verfassungshilfe durch den Einzelnen für den
Staat. Durch diese Denaturierung wurde der Widerstand zu
einem individuellen Grundrecht des positiven Rechts, was im
Hinblick auf die dem Wesen dieses Rechtes entsprechende man-
gelnde Vorherseh- und Berechenbarkeit nicht unproblematisch
ist[139]. Der dem Naturrechtsdenken entnommene Gedanke des
Widerstandes widerspricht nämlich in dieser positivierten Form
als „legitimierter Ungehorsam"[140] gegen mißbrauchte oder ange-
maßte staatliche Machtbefugnisse dem präpositiven Grundsatz
der Rechtssicherheit[141].

[137] BGBl. I S. 709.
[138] Art. 18/1, 21 II 1, 91 I GG.
[139] Beachte dazu Josef *Isensee*, Das legalisierte Widerstandsrecht, Bad
Homburg v. d. H., Berlin und Zürich 1969, und Hans *Schneider*, Widerstand
im Rechtsstaat, Juristische Studiengesellschaft Karlsruhe, Schriftenreihe
Heft 92, Karlsruhe 1969, insbesondere die auf S. 9 Anm. 4 angegebene Literatur.
[140] Herbert *Schambeck*, Widerstand und positives Recht, in: Sozialethik
und Gesellschaftspolitik. Der Mensch in der Entscheidung, Wien 1971.
[141] Vgl. Gustav *Radbruch*, Rechtsphilosophie, 6. Aufl., hgb. von Erik
Wolf, Stuttgart 1963, S. 168 ff.; Helmut *Coing*, Grundzüge der Rechtsphilosophie, 2. Aufl., Berlin 1969, S. 143 f. und Herbert *Schambeck*, Ordnung
und Geltung, ÖZöR 1961, S. 478 ff.

Unter Ausbau des übernommenen Rechtsschutzsystems des formellen Rechtsstaates wurden dem Staat neue Ziele gesetzt und so eine Verbindung von formellem und materiellem Rechtsstaat gesucht. Diese Staatszielsetzung wurde bestimmt durch eine in Deutschland[142] und der Schweiz[143] an den Gesetzgeber vom Verfassungsrecht, in Österreich[144] durch den einfachen Gesetzgeber vorgenommene Erteilung eines Sozialgestaltungsauftrages, der den Staat auch in den Dienst des Kultur- und Wohlfahrtszweckes stellte. Auf diese Weise wurde der Staat für die soziale, kulturelle und wirtschaftliche Entwicklung des Einzelnen und der Gesellschaft zuständig. Auf den Rechtswegen des Staates sollte der kulturelle Fortschritt, das Wirtschaftswachstum und die soziale Sicherheit ermöglicht werden und die Rechtssicherheit in den Dienst dieser Werte gestellt werden. Auf diese Weise wurde aus dem liberalen Rechtsstaat ein sozialer Rechtsstaat[145] und nach dem absolutistischen und konstitutionellen Wohlfahrtsstaat ein demokratischer Wohlfahrtsstaat, dessen Verwaltung, um mit Ernst Forsthoff[146] zu sprechen, der Daseinsvorsorge dient und so den Staat zum Leistungsstaat macht.

Die Folge dieser Entwicklung war eine Zunahme der Staatstätigkeit in Gesetzgebung, Gerichtsbarkeit und Verwaltung, da dieser Staat nur soweit Kultur-, Wirtschafts- und Sozialstaat sein konnte, als er auch dabei Rechtsstaat war. Dies führte zu einer zunehmenden Gesetzgebung, deren Aufgaben ständig im Wachsen begriffen sind. Die damit verbundenen Probleme sind nicht unbedeutend.

Zunächst kann festgestellt werden, daß nicht alle Verfassungen eine Ermächtigung des einfachen Gesetzgebers zu entspre-

---

[142] Siehe dazu Ludwig *Fröhler*, Die verfassungsrechtliche Grundlegung des sozialen Rechtsstaats in der Bundesrepublik Deutschland und in der Republik Österreich, München 1967 und Rechtsstaatlichkeit und Sozialstaatlichkeit, hgb. von Ernst Forsthoff, Darmstadt 1968.

[143] Siehe *Kägi*, a. a. O. S. 190 ff.

[144] Näher Herbert *Schambeck*, Die Staatszwecke der Republik Österreich, in: Die Republik Österreich — Gestalt und Funktion ihrer Verfassung, hgb. von Hans R. Klecatsky, Wien 1968, S. 243 ff.

[145] Beachte Peter *Badura*, Verwaltungsrecht im liberalen und im sozialen Rechtsstaat, Recht und Staat Heft 328, Tübingen 1966.

[146] Ernst *Forsthoff*, Die Verwaltung als Leistungsträger, Stuttgart und Berlin 1938, und *Derselbe*, Lehrbuch des Verwaltungsrechts, 1. Bd., 9. Auflage, München und Berlin 1966, S. 340 ff.

chenden sozialen und wirtschaftlichen Maßnahmen enthalten, das ist z. B. in Österreich in bezug auf die Wirtschaftslenkungsgesetze und das Landwirtschaftsgesetz zu sagen. Hier flüchtet sich der Verfassungsgesetzgeber ins Provisorische und Experimentelle[147] durch ad hoc beschlossene und zeitlich befristete Verfassungsermächtigungen, die in das einfache Gesetz eingebaut werden. Dies führt zu einer Entleerung des Verfassungsgedankens[148], die dann krisenhaft werden kann, wenn die Verfassung zum Spielball in der wirtschafts- und sozialpolitischen Auseinandersetzung wird und die Rechtssicherheit dadurch gefährdet wird, daß sich mangels entsprechender normativer Erfassung des Sozialstaatsgedankens die Möglichkeit unterschiedlicher Verfassungsauslegung eröffnet[149]. Auch der soziale Rechtsstaat soll Verfassungsstaat und als Verfassungsstaat demokratischer Rechtsstaat, nämlich Gesetzesstaat, sein. Dieses Erfordernis der Gesetzesstaatlichkeit verlangt wieder, daß der Verwaltung zur Erfüllung ihrer mannigfachen Aufgaben in Gesetzen im formellen und materiellen Sinn eine dem Rechtsstaatsgebot entsprechende Grundlage geboten wird. Diese rechtsstaatliche Notwendigkeit führt zu einer ständig steigenden Gesetzesinflation, die es dem einzelnen Normadressaten unmöglich macht, die Gesetzgebung zu verfolgen. Auf diese Weise kommt es zu einer fehlenden Gesetzeskenntnis, was wieder zu einer Gefährdung des Rechtsbewußtseins führt, was noch dadurch gesteigert wird, daß in einem wachsenden Maße technische und wirtschaftliche Daten in die einzelnen Gesetze aufgenommen werden müssen, die nicht von allen verstanden werden.

Diese wachsende Tätigkeit des Staats bezieht sich nicht allein auf die Hoheitsverwaltung, sondern in einem bisher nicht gekannten Ausmaß auf die Privatwirtschaft, in der der Staat als Träger von privaten Rechten, insbesondere unternehmungsführend, auftragserteilend und subventionsvergebend auftritt. Da sich das Rechtsstaatsgebot der Gesetzesbindung auch auf diesen Bereich der Verwaltung bezieht, kommt es heute darauf an, auch für diese Bereiche der Privatwirtschaft die formellen und

---

[147] Alfred *Kobzina*, Rechtsstaat, Demokratie und Freiheit, JBl. 1966, S. 599.
[148] *Huber*, a. a. O. S. 67.
[149] Siehe dazu Werner *Weber*, Die verfassungsrechtlichen Grenzen sozialstaatlicher Forderungen, Der Staat 1965, S. 418.

materiellen Bedingungen der Gesetzesbindung zu schaffen. Vielfach fehlen noch in diesem Bereich Verfahrensvorschriften und oft bildet das Budget die alleinige, dem Rechtsstaatsgebot nicht ausreichende Rechtsgrundlage. Nicht selten kommt es dabei vor, daß sich der Staat von der Hoheitsverwaltung in die mehr ungebundene Privatwirtschaftsverwaltung flüchtet[150].

Diese normativ nicht immer klar und einfach zu bewertenden Vorgänge werden im öffentlichen Leben durch die Interessenverbände beeinflußt, welche die Anliegen ihrer Mitglieder bei der Rechtssetzung und Rechtsvollziehung zu vertreten suchen. Auf diese Weise entsteht die Gefahr einer Vergesellschaftung des Staates und einer Umwandlung des Parlamentes in ein Clearinghaus der Gruppeninteressen. Umgekehrt bedarf auch der Staat in Erfüllung seiner über den bloßen Rechts- und Machtzweck hinausgehenden Aufgaben dieser Verbände, deren Sachverstand in Stellungnahmen zu Gesetzesentwürfen, in der Namhaftmachung von Beisitzern als Laienrichter, in der Entsendung von Beiratsmitgliedern in die Verwaltung und der Übertragung von Aufgaben an die Selbstverwaltungskörper[151], etwa der Kammern, zu begrüßen und positiv zu bewerten ist. Als freiheitsgefährdend für den Einzelnen wäre es aber abzulehnen, wenn sich der Staat dieser Verbände bediente, um durch sie als verlängerter Arm nach dem wehrlosen Einzelnen zu greifen und so wieder die Gesellschaft zu verstaatlichen. Sowohl ein vergesellschafteter Staat als auch eine verstaatlichte Gesellschaft gefährden den Rechtsstaat und damit die Freiheit des Einzelnen.

Diese durch wachsende Sachverantwortung der Gesetzgebung im sozialen Rechtsstaat mögliche Gefährdung der Freiheit wird noch dadurch vermehrt, daß in einem zunehmenden Maße die Organe der Gesetzgebung und Verwaltung auf die Mit-

---

[150] Erstmals aufgedeckt von Hans *Klecatsky*, Die Köpenickiade der Privatwirtschaftsverwaltung, JBl. 1957, S. 333 ff., siehe auch Herbert *Schambeck*, Verwaltungsrecht im Dienste der Wirtschaft, DÖV 1969, S. 169 ff. u. Fritz *Werner*, Über Tendenzen der Entwicklung von Recht und Gericht in unserer Zeit, Karlsruhe 1965, S. 24; beachte Karl August *Bettermann*, Freiheit unter dem Gesetz — die Bundesrepublik Deutschland als demokratischer und sozialer Rechtsstaat, Berlin 1962, S. 17: „Die rechtsanwendenden Staatsorgane sind die Diener des Gesetzes. Sie taugen daher nicht zum Gesetzgeben, weil dies Herrschaft über das Gesetz voraussetzt".
[151] Dazu Karl *Korinek*, Wirtschaftliche Selbstverwaltung, Wien-New York 1970.

wirkung von Experten angewiesen sind. Der Einfluß dieser Experten erstreckt sich nicht allein auf die Normsetzungsorgane, sondern auch auf die Normadressaten. Der Einzelne sieht sich von der Demokratie an die Expertokratie ausgeliefert.

Die Gefährdung des Rechtsstaates ist nicht allein in einer mangelnden Gesetzesbindung der neuen Verwaltung des Staates an das Gesetz und der nicht immer vorhandenen Kontrollier- und Überprüfbarkeit der Rechtssetzung in Gesetzgebung und Vollziehung vorhanden, sie zeigt sich auch darin, daß das Gewaltenteilungsprinzip in vielfacher Weise gefährdet wird. Dieses schon von Aristoteles, John Locke und Montesquieu vertretene Prinzip, welches die Freiheit im Staat durch ein gegenseitiges Gleichgewicht der Kräfte zu sichern versucht und ein ewig gültiger Wert in dem nach der Verbindung von Liberalismus und Demokratismus entstandenen demokratischen Rechtsstaat ist, zeigt sich heute in der formell organisatorischen Trennung von Gesetzgebung und Vollziehung und weiters innerhalb der Vollziehung darin, daß keine Behörde gleichzeitig Gericht und Verwaltungsbehörde sein kann. So sehr diese organisatorische Trennung feststellbar ist, so wenig geht von ihr ein wirksamer Effekt im öffentlichen Leben aus. In der politischen Wirklichkeit ist die Gewaltenteilung nicht vorhanden; hier zeigt sich, daß meist dieselben Kräfte in Parlament und Regierung und in der Vollziehung sowohl über die weisungsgebundenen Staatsanwälte als auch über die Erhebungen pflegende Gendarmerie verfügen. Es ist weiters deutlich, daß die Parlamente oft zu Ratifikationsinstrumenten für die Exekutive werden. Geht doch der Großteil der Gesetze auf Regierungsvorlagen und nur ein kleiner Teil auf Gesetzesinitiativen der Parlamente zurück.

Die Gefährdung des Gewaltenteilungsprinzipes zeigt sich auch darin, daß das Nebeneinander von generell-abstrakten Normen und individuell-konkreten Normen dadurch oft beseitigt wird, daß der Gesetzgeber für Einzelfälle im wachsenden Maße Gesetze erläßt und umgekehrt individuell-konkrete Rechtssätze dadurch über den Einzelfall hinausgehend in der Rechtsprechung eine Bedeutung erlangen, daß etwa dem Richterspruch eine gesetzesergänzende oder gesetzesändernde Bedeutung zukommt, wodurch der Richter zu einem „Ersatz- und

Nebengesetzgeber"[152] wird und damit in die politische Auseinandersetzung gerät.

Dieser Hinweis auf die Stellung des Richters ist beispielsweise angeführt und könnte noch durch weitere Hinweise er-
gänzt werden. Er zeigt aber, wie sehr der Rechtsstaat in seinen
Einrichtungen gerade heute durch die Zunahme seiner Verwendung und Inanspruchnahme im Dienste der verschiedenen
Staatszwecke in seinem Sinnwandel der ständigen Konfronta-
tion mit der Idee des demokratischen Rechtsstaates bedarf. Diese
verlangt im Dienste der Demokratie die Herrschaft des Volkes
durch die von ihren Vertretern beschlossenen Gesetze, die dadurch wieder in Rechtssetzung und Rechtsvollziehung entsprechend vorhersehbar und berechenbar sind, daß sie auf dem von
der Verfassung vorgeschriebenen Weg zustandegekommen und
kundgemacht wurden und in Staatsfunktionen vollzogen werden, die sich auf Grund der Gewaltenteilung gegenseitig kon-
trollieren können und im Dienste der Freiheit und Würde des
Menschen stehen, der durch das Gesetz dem Staat gegenüber im
Rechtsstaat gleichberechtigt ist.

Diese Anliegen des Rechtsstaates gilt es den Erfordernissen
des öffentlichen Lebens der Gegenwart entsprechend auszufüh-
ren. Zunächst gilt es, das positive Recht nicht als Instrument zur
Befriedigung von Gruppeninteressen, sondern als Mittel des
Interessenausgleiches, wie es in jeder pluralistischen Gesellschaft
auch in Kompromißform erforderlich ist, anzusehen. Der Staat
kann dadurch seine Primärfunktion, Schlichter des Streites,
Hüter der Ordnung und Verteiler der Leistungen zu sein, erfüllen. Er wird dies aber nur tun können, wenn er sich weder
durch die Verbände vergesellschaften läßt, noch dieselben ver-
staatlicht. Im erstgenannten Fall verliert der Staat seine Autorität, im zweitgenannten Fall der Einzelne seine Freiheit. Beide
sind aber für den Bestand des Rechtsstaates erforderlich.

Je mehr dieser Rechtsstaat heute nun auch in den Dienst des
Kultur- und Wohlfahrtszweckes gestellt wird, desto mehr
kommt es darauf an, um mit Max Imboden zu sprechen, „das
Gesetz wieder zur wegleitenden Norm zu machen[153]." Dies ist

[152] Siehe dazu Werner *Kägi*, Rechtsstaat und Demokratie (Antinomie und
Synthese) in: Demokratie und Rechtsstaat, S. 107 ff.
[153] Max *Imboden*, Gestalt und Zukunft des schweizerischen Rechtsstaates,
Basel 1960, S. 19.

aber nur bei objektiver, alle Standpunkte klärender und subjektiver Distanz zu den regelnden Problemen möglich. Nur
dann besteht Aussicht, daß das Gesetz nicht zu einem kurz-
fristig geltenden und vorübergehend wirksamen Situationsrecht
zur Befriedigung sich ändernder Gruppeninteressen wird.

Dieses Erfordernis des Gesetzes als wegweisende Norm
richtet sich sowohl an die Hoheits- wie an die Privatwirtschaftsverwaltung; weder die Eingriffsverwaltung noch die Leistungs-
verwaltung sind vom Rechtsstaatsgebot dispensiert; im Gegen-
teil, mehr als je zuvor kommt es dabei darauf an, den vielen
Aufgaben der Verwaltung die Grundlage für ihre planende,
gestaltende und fördernde Tätigkeit zu geben, um die Rechtssicherheit in einer dem Gebot des Rechtsstaates entsprechenden
Weise herbeizuführen und zu erhalten. Dabei wird man auf
Grund der vermehrten Heranziehung des Staates für bestimmte
Zwecke Bereiche, die früher in geringem Maße des Gesetzgebers
bedurften, wie z. B. das Unterrichts- und Verkehrswesen sowie
die Sozialhilfe, gesetzlich regeln müssen. Bei der gesetzlichen
Determinierung wird es aber darauf ankommen, dem Sachgebiet
entsprechend vorzugehen. Nur in Sachentsprechung kann
Rechtssicherheit geschaffen werden.

Es ist aber falsch, wenn sich manche dieses Umdenken dadurch leicht machen, daß die einen meinen, die rechtsstaatliche
Regelung, die man bereits in der Hoheitsverwaltung in Zustän-
digkeitsbestimmungen, Verfahrensgrundsätzen und materiellen
Verwaltungsgesetzen in jahrzehntelanger Entwicklung gefunden
hat, in der Privatwirtschaftsverwaltung bloß nachbilden zu
müssen, oder andere erklären, daß die Privatwirtschaftsverwaltung sich nicht wie die Hoheitsverwaltung an die Gesetze
binden lasse und man den Staat in derselben nur den Regeln
des Privatrechtes wie einen Privaten überlassen soll. In diesem
Fall übersieht man, daß der Staat auch als Wirtschaftreibender
über eine andere Kraft verfügt als ein Privater und daher auch
in anderer Weise an die Gesetze zu binden ist. In jenem Fall
muß man einsehen, daß Rechtssicherheit durch den Rechtsstaat
nicht durch das Übertragen des Rechtsschutzsystems von einem
Sachgebiet auf ein anderes erfolgen kann, sondern nur dadurch,
daß ein Rechtsschutzsystem gefunden wird, das den jeweiligen

zur Ordnung aufgetragenen Sachstrukturen[154] entsprechen kann. Die Vorhersehbarkeit und Berechenbarkeit des staatlichen Handelns bei der Unternehmensführung, etwa in der verstaatlichten Industrie, welche einer schwankenden, nicht vorhersehbaren und berechenbaren Wirtschaft Rechnung tragen muß, und die auf einen bestimmten sachlich für konkrete Aufgaben in Frage kommenden Personenkreis bei der Auftrags- und Subventionsvergabe zu treffenden Regelungen, können dem Rechtsstaat nicht in derselben Weise entsprechen wie es der Hoheitsverwaltung möglich ist. Die neu aufzudeckenden Wege rechtsstaatlicher Erfassung der Privatwirtschaftsverwaltung werden von jenen der Hoheitsverwaltung verschieden sein, ja, man kann auf Grund der nur durch Sachgerechtigkeit zu findenden Rechtssicherheit sogar sagen: diese Wege werden verschieden sein müssen. Die Effekte werden aber die gleichen in der Hoheits- und in der Privatwirtschaftsverwaltung zu sein haben: die Rechtssicherheit durch eine neue Form des Rechtsstaates.

Die Ausführung der Gesetze wird in Zukunft ein großes Maß an Mitgestaltung und Ergänzung verlangen, welches über den bloßen Subsumtionsprozeß hinausgeht und ein eigenverantwortliches Handeln in der Vollziehung verlangen, das im Dienste eines von allen erkennbaren Gesetzeswillens steht. Ist doch das Gesetz heute nicht allein Schranke des Handelns, sondern auch Ermächtigung zum Eingriff und Auftrag zur Hilfe zugleich. Für diese Aufgabe der Verwaltung im sozialen Rechtsstaat muß heute der Gesetzgeber die Voraussetzung in der Verfassung und einfachen Gesetzgebung bieten. In der Verfassung durch eine mit Aussicht auf möglichste Dauerhaftigkeit versehene Ermächtigung des einfachen Gesetzgebers auch zu einem über den Recht- und Machtzweck hinausgehenden Tätigwerden. Auf einfach gesetzlicher Ebene wird der Rechtsstaat heute eine der Natur des jeweiligen Sachgebietes entsprechende inhaltliche Regelung verlangen, die es dem Vollziehungsorgan in der Verwaltung weitgehend erspart, den Einflüssen der politischen Parteien und Interessenverbände ausgesetzt zu werden und den Richter nicht veranlaßt, über die Entscheidung des Einzelfalles hinaus Ersatzgesetzgeber sein zu müssen. Mehr als bisher wird

---

[154] So bereits Herbert *Schambeck*, Der Begriff der „Natur der Sache", Wien 1964, S. 74 ff.

sich die Rechtswissenschaft daher neben der Forschung um die Vollzugsformen des Rechtsstaates auch um ihre Zuordnung zu den Vollzugszwecken des Rechtsstaates bemühen müssen. In dieser Zuordnung gilt es, das Problem des sozialen Rechtsstaates zu lösen, d. h. den dem Gesetzgeber durch die Verfassung oder einfach gesetzlich erteilten Sozialgestaltungsauftrag so zu erfüllen, daß das vom formellen Rechtsstaat übernommene und weiterentwickelte Rechtsschutzsystem, wie es das Bundesverfassungsgericht schon in einer seiner ersten Entscheidungen erklärt hat, den Staat so „zu sozialer Aktivität" ermächtigt, daß er seine Aufgaben erfüllen kann, nämlich „sich um einen erträglichen Ausgleich der widerstreitenden Interessen und um die Herstellung erträglicher Lebensbedingungen für alle zu bemühen"[155].

Mit dieser Forderung nach einer den Erfordernissen des sozialen Rechtsstaates entsprechenden Gesetzesbindung und Gesetzesvollziehung wird nicht einer vermehrten Verstaatlichung des öffentlichen Lebens das Wort geredet; dies vor allem deshalb nicht, weil nicht jede Verrechtlichung durch das Gesetz auch die Verstaatlichung der zu regelnden Aufgaben in der Weise nach sich ziehen muß, daß der Staat die von ihm geregelten Aufgaben auch selbst erfüllt. Man muß vielmehr, was Hans Peters[156] bereits getan hat, zwischen staatlichen und öffentlichen Aufgaben unterscheiden. Staatliche Aufgaben werden vom Staat selbst nach den von ihm beschlossenen Gesetzen erfüllt, öffentliche Aufgaben hingegen können auch vom Einzelnen und gesellschaftlichen Gruppen nach den im Gesetz festgelegten Grundsätzen im Interesse der Allgemeinheit erfüllt werden. Es bedarf in beiden Fällen der grundsätzlichen gesetzlichen Regelung, um die Willkür, die von staatlicher wie von privater Seite in gleicher Weise gefährlich ist, auszuschließen.

Diese Unterscheidung von öffentlichen und staatlichen Aufgaben zeigt deutlich, wie sehr man differenziert an die Anwendung des Rechtsstaatsgrundsatzes im modernen Vielzweckestaat herangehen muß, damit nicht der erste und letzte Grund des Rechtsstaates, nämlich die Menschenwürde, von den Institutionen dieses Staates erdrückt wird.

---

[155] BVerfGE Bd. 1, S. 105.
[156] Hans *Peters*, Öffentliche und staatliche Aufgaben, Festschrift für Hans Carl Nipperdey, 2. Bd., München und Berlin 1965, S. 877 ff.

Der Hinweis auf den Schutz der Freiheit und Würde des Menschen durch den sozialen Rechtsstaat ist deshalb erforderlich, weil in einem zunehmenden Maße der Einzelne nicht bloß in liberalen Rechten eine Freiheit vom Staat und in demokratischen Rechten eine Freiheit im Staat in Anspruch nimmt, sondern in sogenannten sozialen Rechten nach einer Freiheit durch den Staat strebt[157]. Das Recht auf Arbeit und das Recht auf soziale Sicherheit seien beispielsweise genannt. Es scheint, daß der Einzelne seine jahrhundertelange Flucht vor dem Staat aufgegeben und nach einer Sicherheit durch den Staat strebt. Diese Sicherheit wird aber nur dann im Dienste des Rechtsstaates stehen, wenn sie nicht auf Kosten, sondern im Dienste der Freiheit geleistet wird. So sehr etwa die Statuierung eines Rechtes auf Arbeit, auf soziale Sicherheit, auf Krankenversicherung und Altersvorsorge zu begrüßen ist, so muß doch für den Fall, daß man diese Rechte gleich den klassischen Grundrechten als beim Verfassungsgerichtshof einklagbar ansieht, bedacht werden, daß man dann den Staat nicht nur zur Erfüllung z. B. des Rechtes auf Arbeit verpflichten kann, sondern auch berücksichtigen muß, daß er die Möglichkeit habe, den Arbeitsplatz zu beschaffen, was dirigistische Maßnahmen verlangt. Die sozialen Grundrechte in gleicher Weise wie die klassischen Grundrechte positiviert, würden zur Gefährdung der Freiheit führen. Ein solches Reiben der klassischen Freiheitsrechte mit den sozialen Grundrechten ist aber nicht notwendig, wenn man die sozialen Grundrechte als Sozialgestaltungsauftrag an den Gesetzgeber ansieht und nicht alle sozialen Grundrechte in der gleichen Rechtsform, etwa als subjektiv öffentliche Rechte positiviert, sondern sie vielmehr je nach ihrem Sachbezug und ihrem freiheits- und sicherheitsbezogenen Charakter entweder als Einrichtungsgarantie, als Programmsatz oder als Organisationsprinzip gewährt[158].

Bei allen Bemühungen um eine in gleicher Weise im Dienste der Freiheit und Sicherheit des Einzelnen stehenden Weiterentwicklung der Grundrechte wird man zwei Tatsachen erkennen müssen, die sich auch im modernsten Grundrechtskatalog nicht

---

[157] Siehe näher Gerhard *Leibholz*, Strukturprobleme der modernen Demokratie, 3. Aufl., Karlsruhe 1967, bes. S. 87 f. und 130 f. und Herbert *Schambeck*, Grundrechte und Sozialordnung, Berlin 1969.
[158] Beachte Theodor *Tomandl*, Der Einbau sozialer Grundrechte in das positive Recht, Recht und Staat Heft 337/338, Tübingen 1967.

verkraften lassen werden: erstens ist unsere Gesellschaft, solange
sie eine freie ist, eine pluralistische Gesellschaft, in der es nicht
möglich sein kann, alle Wertvorstellungen grundrechtlich zu
schützen. Menschliche Toleranz dem Andersdenkenden gegenüber
ist daher erforderlich! Zweitens müssen wir einsehen, daß nicht
alle Güter, die grundrechtswürdig sind, auch grundrechtsfähig
sein müssen[159]. Es gibt Werte, Wünsche und Vorstellungen, die
zwar der Würde des Menschen entsprechen, sich aber nicht
grundrechtlich schützen lassen. Wer von uns erlebt nicht ständig
das echte Bedürfnis nach einem Grundrecht auf Ruhe durch
Schutz vor Lärm, nach einem Grundrecht auf Verkehrssicher-
heit gegen Verantwortungslosigkeit der Verkehrsteilnehmer,
nach einem Grundrecht auf Schutz der Privatsphäre gegen Be-
spitzelung oder nach einem Grundrecht auf Alleinsein gegen
Belästigung.

All diese genannten Forderungen, deren Dringlichkeit wir
täglich bewußt oder unbewußt erleben, zeigen deutlich, daß
nicht jeder Schutz der Menschenwürde durch Grundrechte, ja
sogar durch das Recht überhaupt, das ja kein patentierter Voll-
kommenheitsapparat, sondern Menschenwerk ist, möglich sein
wird. Es kommt neben dem institutionalisierten Rechtsschutz
vielmehr auch auf die praktizierte Rechtserziehung an.

Immer wieder kann man es erleben, daß selbst das beste
Gesetz nicht genügt, wenn nicht der Wille zur Ausführung in
der breiten Öffentlichkeit besteht. Was für das einzelne Gesetz
gilt, gilt um so mehr für den Staat. Wer den Staat nämlich nur
als einen gut funktionierenden Mehrzweckapparat ansieht, wird
sich nicht um ihn kümmern. Und für wen der Staat ein Automat
ist, von dem man gegen periodische Abgabe eines Zettels und
Leistung einer Gebühr die Erfüllung aller Wünsche und Befriedigung aller Bedürfnisse erwartet, wird kaum bereit sein, für
diese wesenlos scheinende Institution Leistungen und Opfer zu
bringen. Es kommt vielmehr darauf an, den Staat als eine orga-
nisierte Gesellschaft zu verstehen, die eine Schicksalsgemeinschaft
aller mit einem Recht auf Freiheit und Würde ausgestatteten
Menschen ist, in der es nicht darauf ankommt, daß einige wenige
sich politisch, kulturell, wirtschaftlich oder sozial die Freiheit

---

[159] Karl *Korinek*, in: Fragen des sozialen Lebens, 3. Bd., Wien 1967, S. 97.

untereinander aufteilen, sondern in der es sich als notwendig erweist, allen an der einen Freiheit Anteil zu gewähren.

Dies verlangt ebenso eine in ihren Wertungen und Notwendigkeiten einsichtige Verfassung, welche die Kontrolle und Übersicht der politischen Vorgänge ermöglicht, wie Gesetze im formellen und materiellen Sinn, deren Sprache jedermann so verständlich ist, daß sie jene Rechtskenntnis und jenes Rechtsbewußtsein und damit jene Wirksamkeit erzeugt, ohne welche keine dauernde Geltung des positiven Rechtes möglich ist[160]. Die für den Rechtstaat erforderliche vermehrte Gesetzgebung darf daher nicht zu einem Auseinanderfallen von Rechtsbewußtsein und Rechtsgeltung[161] und damit zu einer Entfremdung des Bürgers vom Recht führen.

Je größer die Aufgaben und je umfangreicher das Gebiet des modernen Staates ist, desto dringender wird nämlich die auch durch die Einrichtungen des Rechtsstaates zu erzielende Hinführung des Einzelnen zu einem Rechtsbewußtsein, einem Verantwortungsgefühl und der Teilnahmebereitschaft[162]. Diese Eigenschaften scheinen heute zu verkümmern, denn je mehr Leistungen der Einzelne vom und durch den Staat verlangt, desto mehr nimmt sein persönliches Interesse nach und während der Erfüllung dieser Wünsche an diesem Staat ab. In derselben Weise nehmen auch mit Zunahme der rechtlichen Erfassung und Regelung unseres Lebens die Beziehungen des Einzelnen zu außerrechtlichen Kategorien ab. So erklärte auch in einer Zeit, in der jeder einen Schicksalsschlag als einklagbaren Rechtsanspruch ansieht, Fritz Werner, „daß Erbarmen, Liebe, Barmherzigkeit, Demut und manches andere rechtlich nicht zu Fassende unser Leben gestalten, ist eine Vorstellung, die mehr und mehr entschwindet"[163]. Diese über den Bereich des positivrechtlich Erfaßbaren hinausgehende Feststellung sei betont, weil der Staat auch als Rechtsstaat ohne den mitdenkenden, mitbeschließenden und mitvollziehenden Einzelnen im Staat nicht bestehen kann.

---

[160] *Schambeck*, Ordnung und Geltung, S. 470 ff.
[161] Beachte Theo *Mayer-Maly*, Rechtskenntnis und Gesetzesflut, Salzburg-München 1969.
[162] Wolfgang *Friedmann*, Recht und sozialer Wandel, Frankfurt am Main 1969, S. 437,
[163] Fritz *Werner*, Wandelt sich die Funktion des Rechts im sozialen Rechtsstaat? in: Die moderne Demokratie und ihr Recht, Festschrift für Gerhard Leibholz, II. Bd., Tübingen 1966, S. 162.

Darum schließe ich mich auch am Ende meiner Betrachtungen über den Sinnwandel des Rechtsstaates dem abschließenden Satz an, den Max Imboden in der Vorbemerkung zu seiner der Freien Universität Berlin gewidmeten Schrift: „Die politischen Systeme" geschrieben hat: „Was sich im sozialen Gefüge als ‚Struktur' manifestiert, ist nur der Widerschein von Vorgängen, die sich im Innern des Menschen vollziehen. ‚Innen' und ‚Außen' sind letztlich eines. Es gibt nur eine Wirklichkeit im sozialen Zusammensein der Menschen: die aus der Erfüllung der eigenen Persönlichkeit geschaffene Beziehung zum anderen"[164].

In Entsprechung dieser Beziehung gilt es, sich jeweils um eine Bewältigung der Macht im Staat durch das Recht und um eine Gestaltung der Wege und Zwecke des Rechtes zu bemühen. Diese Gestaltung erfolgte anfangs unter Bezug auf eine kosmopolitische, später christliche und schließlich rationalistische Naturrechtslehre, deren Vernunftsoptimismus zu den Kodifikationen und damit letztlich auch zu dem Verfassungsstaat führte, in dessen Rahmen der Rechtsstaat von der jahrhundertealten Idee zum feststehenden Begriff wurde, der seinen Ausdruck in Rechtseinrichtungen fand, die in der Monarchie anfangs dem Einzelnen Schutz vor dem Herrscher, heute aber vor den kollektiven Mächten bieten sollten. Je mehr in dieser Entwicklung der Einzelne selbst dadurch Träger des Staates wurde, daß er in der demokratischen Republik Adressat und Adressant des staatlichen Willens ist, desto mehr wurde der Wille des Menschen für den Zweck des Staates und die Wege des Rechtes bestimmend. Von diesem Einzelnen und seinem Rechtsbewußtsein, und niemand anderem, hängt es heute ab, ob der weitere Wandel des Rechtsstaates, der mit jeder lebendigen Entwicklung der Gesellschaft und des Staates verbunden ist, im Dienste der Freiheit und damit seiner selbst stehen wird oder nicht.

---

[164] Max *Imboden*, Die politischen Systeme, Basel und Stuttgart 1962, S. 12.

www.ingramcontent.com/pod-product-compliance
Lightning Source LLC
Chambersburg PA
CBHW031457180326
41458CB00002B/804

www.ingramcontent.com/pod-product-compliance
Lightning Source LLC
Chambersburg PA
CBHW031457180326
41458CB00002B/798